金光明經精要

具足不可思議功德智慧

直開如來秘密心髓，淨化無間罪業，廣增福德資糧

唐．義淨◆原譯　梁崇明◆編譯

目次

金光明最勝王經卷第三

金光明最勝王經卷第四

金光明最勝王經卷第五

金光明最勝王經卷第七

金光明最勝王經卷第八

金光明最勝王經卷第十

序

《金光明經》有三種譯本，其中唐代義淨譯，題為《金光明最勝王經》，共十卷三十一品，文義最充足。此部經與《妙法蓮華經》、《護國仁王經》同稱為鎮護國家的三部經，念誦此經，能使國家獲益，為世界和全球和平帶來廣如虛空的利益，即使只是閱讀一章一節，亦能獲福無量。

此經非常殊勝，能消除地水火風四大災害，能為眾生帶來平和快樂，更有效止息暴行，保護國家免受侵凌，國家遇到外敵，敵軍能自然退卻，眾人歡喜，上下和睦，無有爭鬥，如果國王持誦的話能夠有各種好處，行於正道治世，國君賦予人民宗教自由，常獲天人護持，國家及持誦人可得四大天王守衛，使一切世間有情安穩康樂。

聽聞此經亦可淨除業障，業障若不除，因緣至則修持難有成就。金光明，是以譬喻立名，用金光明來譬喻佛所證的三身，及涅槃三德。但果必由因，想證得佛果三身與涅槃三德，既要依照本經所說，懺悔業障，廣修眾善；更要依照本經的空品所說，運用般若智慧，觀我法二空之理，實踐無相讚佛，無相懺悔，無相修善。

一般人對於學佛者的印象，似乎與現實社會無多大關聯，對社會沒什麼實際貢獻。

事實上，大乘佛學的嚴土利生也可以稱為護國佑民，因此學佛對國土的安寧和民眾的幸福有很大的裨益。《金光明經》強調護國佑民的特色，加上神異僧的護國神蹟，自古以來，信奉大乘佛教的國家無不信崇此經，在各個國家的佛教文化比較研究中，有著極為重要的文獻價值，由此可知，佛法與國運的密切關連，是一個值得探討的重要課題。

《金光明經》的經文頗為淺白，但因現代人多數對古文望而卻步，為了幫助讀者能方便閱讀及快速掌握其精神，本書仍逐句作了白話文解釋，並標示重點，讓讀者可以更容易掌握到本經的要義。讀者閱讀此經，不但可消除宿世罪業，且積集資糧的效率快且大。如經文中所說，僅僅閱讀或嘗試了解此經者，得享人天安樂，具好名聲，所居之處五穀豐登，繼而成就正等正覺。即使只是提及一章、一菩薩名，甚至閱讀一四句偈，並嘗試了解偈誦的意義，必受護持，所有願求皆能滿足。願讀者能藉本書參研並如法修持，必能獲得甚大功德及法益，體證甘露無上法味。

導讀

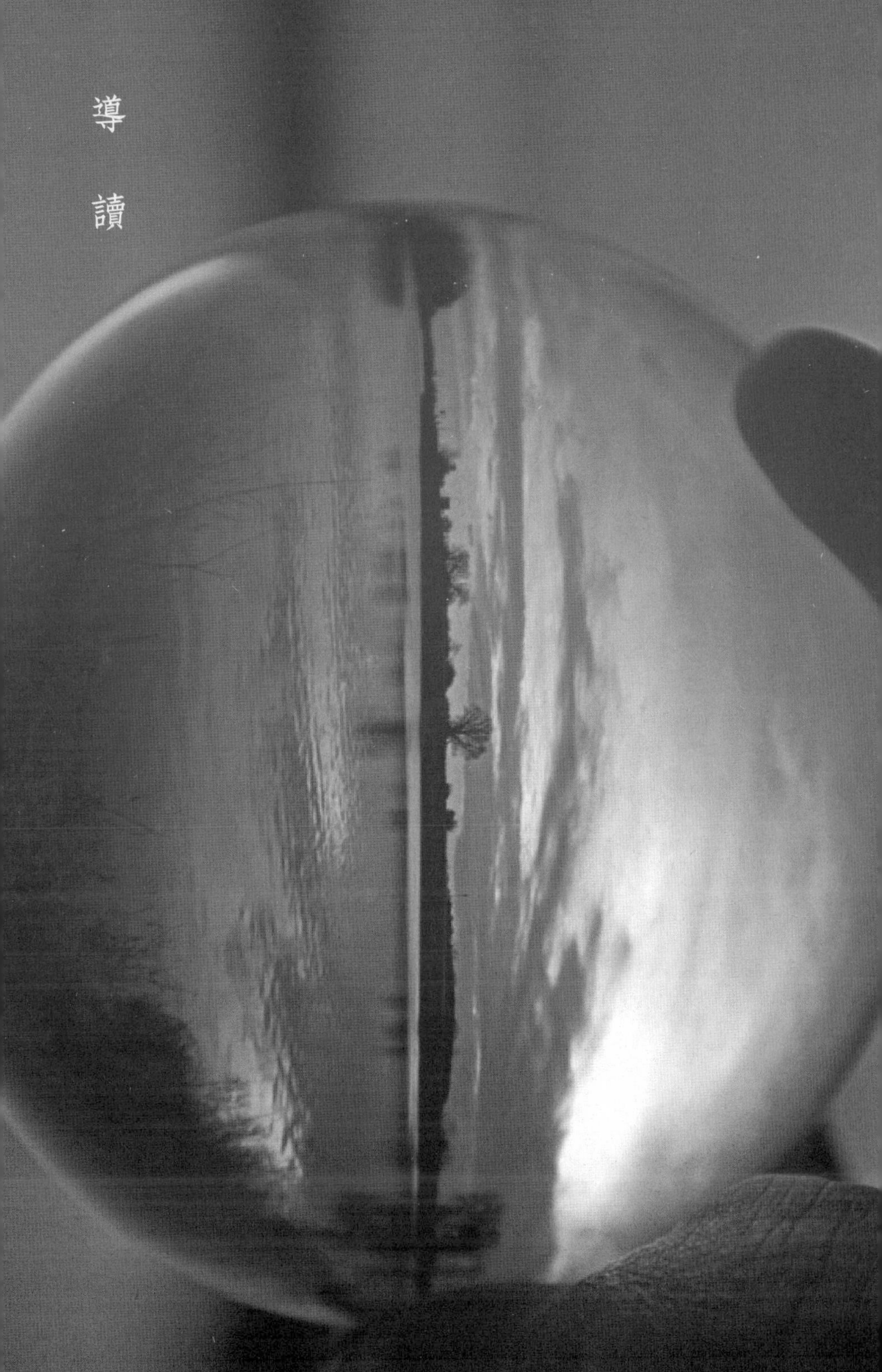

《金光明經》，又名《金光明最勝王經》，是大乘佛教中有著重要影響力的經典之一，最主要的特點是大乘菩薩行的護國思想，旨在開闡如來秘密心髓、懺悔業障、積聚福德資糧。讀誦宣講這部經典，能夠帶來不可思議的護國利民功德，給國家帶來安康。凡流傳宣講本經的國土，都將得到諸天衛護，可使國家一切不吉祥事消除，國土豐饒安穩，人民幸福安樂。加上經中的金鼓懺悔法、流水長者子治病護生的著名故事，使得這部經成為被廣泛持誦的大乘經典。此外，《捨身品》中講到薩埵王子捨身餵虎的故事，這是典型的大乘普度眾生的思想。這部經在尼泊爾，自古以來被視為九部大經之一。在日本，這部經從七世紀開始就被列為「鎮護國家三經」之一（《妙法蓮華經》、《仁王護國般若經》、《金光明經》），在全國的寺廟誦讀。在蒙藏地區也持誦得非常普遍，過去在蒙古地區有各家輪流供養僧人每天念誦本經的習俗。《金光明經》歷代譯本主要有五種：

一、《金光明經》，四卷十八品，北涼（公元 412-427）曇無讖譯，為最早譯本。

二、《金光明帝王經》，七卷（或六卷），陳．真諦譯。

三、《金光明更廣大辯才陀羅尼經》，五卷，北周．耶舍崛多（一說闍那崛多）譯。

四、《合部金光明經》，八卷二十四品，隋代．寶貴等糅編。

五、《金光明最勝王經》（略稱《最勝王經》），十卷三十一品，唐．義淨譯。本書採用的也是這個譯本。

經題

《金光明經》經題「金光明」三字，是譬喻佛果三身與涅槃三德。

（一）三身佛果：

「金」體真實，比喻為法身；「光」用能照，比喻為應身；「明」能遍益，比喻為化身，這是表三身佛果。

（二）涅槃三德：

以「金」喻法身的常樂我淨四德，「光」比喻為般若德，「明」比喻為解脫德，這是涅槃三德。

（三）三種佛性：

以「金」體本有，喻道前正因佛性；「光」用始有，喻道內了因佛性；「明」是無暗，喻道後至果的緣因佛性，這是三種佛性。

天台智者大師的解釋為：「法性之法可尊可貴名法性為金，此法性寂而常照名為光，此法性大悲能多利益名為明。此即是金光明法門」。如同《華嚴經》說：「一切諸如來，同共一法身，一心一智慧，力無畏亦然。」此解釋更為圓滿。

三德是：法身德、般若德、解脫德。

（一）法身德：

佛常住不生不滅的法性身無不周遍。

（二）般若德：

佛的智慧無量無邊，了知人生宇宙的實相，無所障礙。

（三）解脫德：

佛所證得的最勝妙法，能夠化度一切眾生而自在無礙。

金令擁金的顏色，永遠不變（常），金雖出於礦，而不雜沙石，潔淨無染（淨），有的人，富貴快樂（樂），金可以隨意製造種種飾物，隨時轉變形像，享受自在（我），譬喻佛所證的涅槃常樂我淨四德，體性恆一，具足常樂我淨，是法身德；光能照物破暗，喻佛智光，能照了諸法實相理，謂佛究竟始覺之智，而能覺了諸法不生不滅，能破除眾生煩惱的黑暗，清淨無相，平等無二，不增不減，具足常樂我淨，是是般若德；明能克暗，故明生暗滅，指佛永離一切業累之縛，得大自在，具足常樂我淨，是解脫德。

金光明經的大乘思想

（一）天王護國思想

《金光明經》能夠在所有大乘流行的地區都受到廣泛的崇拜信仰，得益於其「護國」主題。經中的四大天具有神奇的法力，歷代國君莫不希望藉助他們的神力摧伏外敵，希冀國泰民安，國祚綿長，同時也成為佛教道場最有力的守護神。這反映了大乘佛教發展中菩薩思想的擴展，把許多天龍鬼神王等也都視為是不同修證層次的菩薩化身，是法身大士的權現護教，這種菩薩思想成為後來大乘中的流行觀點。

本經重點在壽量品、分別三身品、夢見金鼓懺悔品及滅業障品，懺悔品、讚歎品則謂金鼓光明之教法、金光明懺法之功德。此後之諸品則敘說四天王鎮護國家及現世利益之信仰。西域諸國對四天王之崇拜，以及中國金光明懺法之流行，均因信仰本經所致。

（二）佛壽無量思想

本經重點宣說了關於「佛壽」和「法身法性之體」的大乘思想。「佛壽量」這個問題，在經中的〈如來壽量品第二〉記敘王舍城的信相菩薩提出：「云何如來功德無量，壽命短促唯八十年？」之後，四方四佛（東方阿閦佛、南方寶相佛、西方無量壽佛、北方微妙聲佛）即現身解說佛壽之無量。經言蘊含著諸佛的甚深微妙法義，這是本經要旨，也是歷代注家發揮本經玄義所在。

（三）懺悔思想及金光明懺法

《金光明經》宣說的金光明懺悔法，是大乘佛法中重要的懺悔思想，以比喻的形式講說法身之理及修法身之因，使得懺悔法成為修道門中的重要內容，對於天臺宗懺法的形成有著重要影響。佛入涅槃之前宣說的，主題也是「懺悔滅罪」，其懺悔思想重點在修行者個人懺悔業障，在於速疾成佛。

金光明懺悔法以法性為本善惡因果為行，具「作法懺」、「取相懺」、「觀無生懺」三類懺法。

①**作法懺**：通過一定的儀軌作法來懺悔。

②**取相懺**：通過懺悔後所見到的好相來決定罪業是否懺淨，如夢到諸佛菩薩摩頂等相。

③**觀無生懺**：指安住於甚深法性之中，觀罪性本空，又名無罪相懺悔。

〈序品〉即以「經王」來彰顯本經宗旨，強調懺悔實踐具有無上之功德，並於〈懺悔品〉之「金鼓懺悔法」，說明「金光明懺悔」的功用，不僅以達到滅罪除障為目的，更是去除煩惱根源，證得解脫涅槃，並能進一步立下廣修諸善、利益眾生的誓願。

「懺悔」意即去惡為善、改往修來等。因為懺悔，可以滅罪生福，令人三業清淨。供佛是修福，學佛是修慧，以清淨三業，福慧雙修，則能成就佛果菩提。

（四）三身

在大乘各經論中，都有三身佛之說。據《十地經論》解釋，佛的三身為：

①**法身**：為證顯實相真如的理體，無二無別，常住寂靜。法身是我們的本來面目，是本來具有的，悟即見自己本源自性清淨的法身。

②**報身**：酬報因行功德而顯現相好莊嚴之身（《金光明經》稱應身，意思相同）。報身佛不容易成，需經三大阿僧祇劫，修種種的苦行難行，功德圓滿，方可成報身佛。

③**應身**：順應所化眾生的機性而顯現之身。應身是以報身為本，所謂從本垂跡，就是這個意思。應身佛有千百億化身，住在凡聖同居土，為暫時住的、方便的、不長久的。

佛的法身、報身和應身，是約境、智、用三方面來說的，就境為法身，就智為報身，起用為應身，法身常恆不變。

金光明經的菩薩行思想

本經代表菩薩行最為突顯的是〈除病品〉、〈流水長者子品〉和〈捨身品〉三個釋迦牟尼佛的本生故事，都深切反映出大乘菩薩行捨己利他的無畏情懷。〈除病品〉中講述了流水長者子學習醫法、救治眾生疾苦的實際行動；在〈流水長者子品〉中則細緻描述了治病救生行願，流水長者子救度十千魚的實際行動，通過流水長者子父子三人以凡夫力量得以達成，這顯示本經所宣說的大乘菩薩行立足於發心濟度眾生的真切行願，特別重視以現實行動解除眾生當下的苦難、獲得當下的安樂，具有法藥與世藥並施的大乘思想。〈捨身品〉則講述了薩埵王子捨身飼虎的感人故事，表達出大乘菩薩行的獻身精神，也體現了大乘菩薩行中為求一切種智、救度眾生而捐捨身命、為法忘軀的大悲心精神。

金光明經的空性思想

雖然《金光明經》並非主要談「空」，但是「空」依然是這部經的核心，表面講持誦此經，可以護國持國，根本來說還是「空」。懺悔業障，修福修慧，必須要有般若空智，作為導行，三輪體空，才能圓成佛道，因此佛於讚歎品後，特別說此空品，此空品既要空凡夫之我執，亦空二乘之法執，我法二執俱遣，就可以無住生心，生心無住，離一切相，修一切善，自然可以契證佛道的第一義空，以般若空慧導修諸行，照見如來真實法身。

誦讀金光明經的功德利益

1. 速消業障
2. 療治病苦
3. 遠離邪魔鬼怪

4. 斷絕外靈干擾
5. 多聞聰慧
6. 毒蛇昆蟲遠離
7. 隨願滿足
8. 去除貧窮
9. 世界和平
10. 家宅平安
11. 護身平安
12. 遠離官司
13. 證清淨心
14. 趣入佛道

金光明經的修行意義

《金光明最勝王經》能為世界與全球和平帶來廣如虛空的利益。即使只是閱讀一章一節，亦能獲福無量。經中說，僅僅持誦幾句《金光明經》所造的功德，比向佛陀獻無量供養的功德還大。《金光明經》是帶來和平最有利益的方式之一，它非常有力量，對世界和平、保護自己和國家、世界極具威力。此經能有效止息暴行，保護國家免受侵凌，能令正法久住，國家昌盛，滅除一切罪障衰患。它也能保護個人和國家免於地、水、火、風四大方面的自然災害，例如地震、水災、暴風、火災、龍捲風等等。聽聞此經亦可淨除業障，能滿你所願，並帶給一切有情和平、喜悅，直至佛果。並且得佛授記，常生諸佛清淨國土，成辦無上菩提。因此，希求世界和平的人都應該誦《金光明經》，止息世界上的暴力與戰爭，這是很重要的法門。不論現代人多忙，就算一天只能讀一頁，或讀幾行，都能持續讀誦《金光明經》。

請盡量為世界和平多持誦《金光明經》。念修中，並非以速度為要，若身體佳者，出聲念誦，念誦時觀想其聲音遍及十方世界一切處，所念金光明法義遍及十方一切眾生。天龍八部鬼神耳根聽聞，聽聞已，罪滅，苦消，安樂生。它有強大的療癒力，每天半小時左右念誦，如此修持，一週內煩惱定消除，同時各種安樂於相續中生起，各種難以盡述的利益都將逐漸顯現，你的生活將變得平順，所求願滿。

此經亦引導讀者深入菩薩行的智慧，效仿流水長者及薩埵王子自助助人的大乘菩薩行之精神，並進而從空性中如實了知人生真理。我們當如佛教言，愛國愛家，敬愛社會，和睦相處，互助友愛；如此實踐佛法，使自心發出智慧光及慈悲光，一起迎向平和及光明的未來。

第01卷

序品第一

為何說此經是殊勝的經中之王，
不但能離災滅苦，
還能受到護世四大天王的擁護、菩薩的加持
及鬼神的敬畏呢？

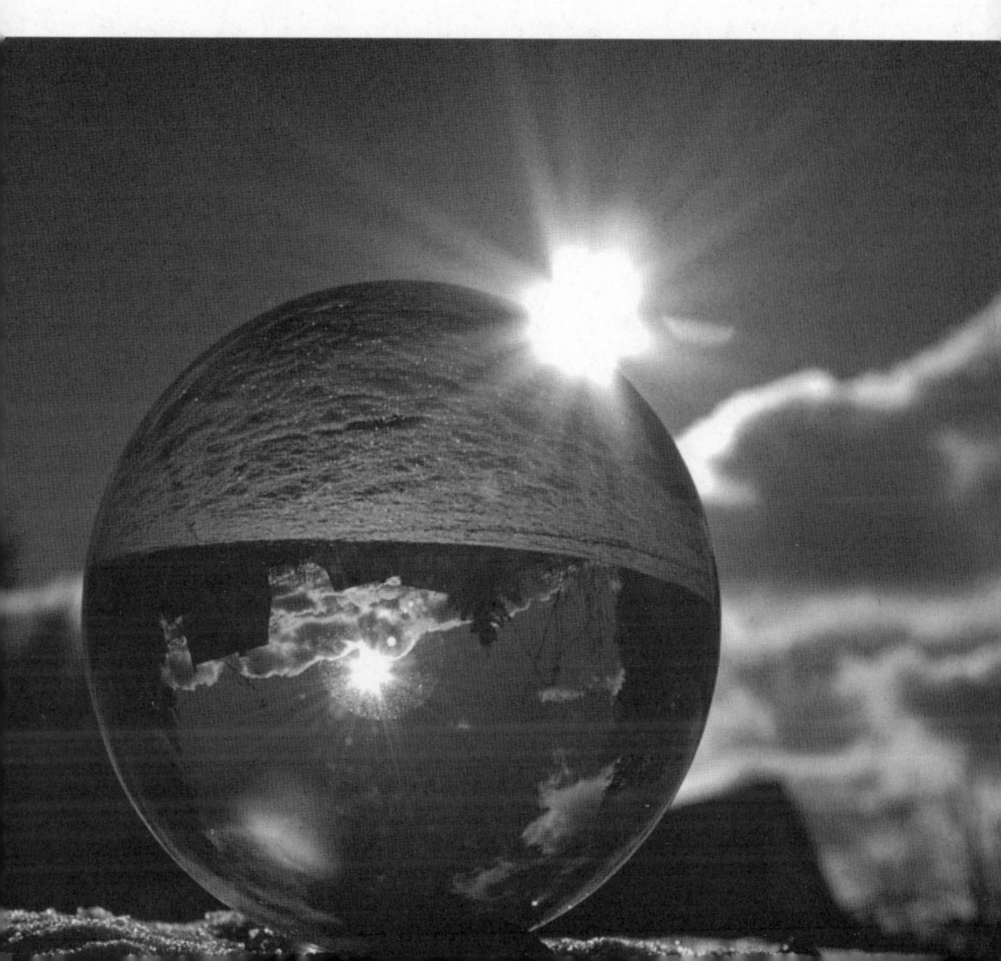

【要義】

以偈頌說明此經是殊勝的經中之王，是並宣說懺悔等法所生功德，不但能離災滅苦，並能得到護世四大天王及其大臣眷屬、藥叉、龍王的擁護，並受到菩薩的加持，鬼神的敬畏。

如是我聞：

一時薄伽梵，在王舍城鷲峯山頂，於最清淨甚深法界，諸佛之境如來所居，與大苾芻眾九萬八千人，皆是阿羅漢——能善調伏如大象王，諸漏已除，無復煩惱，心善解脫，慧善解脫，所作已畢，捨諸重擔，逮得己利，盡諸有結，得大自在，住清淨戒，善巧方便，智慧莊嚴，證八解脫，已到彼岸——其名曰：具壽阿若憍陳如，具壽阿說侍多，具壽婆濕

這是我阿難聽聞的：

那時，佛陀在王舍城靈鷲峰頂，於最清淨的甚深法界諸佛如來所居處，與大比丘九萬八千人，這些大比丘皆為阿羅漢，能善調伏身心如大象王，所有的漏都已斷盡，不再有煩惱，心念、智慧皆善解脫，應該實踐的所有一切自利利他的佛法都發心完成了，捨一切煩惱重擔，得一切自身利益，斷盡一切三界煩惱，獲得真正的大自在，住清淨戒，以善巧方便的智慧利益所教化的眾生，智慧莊嚴（謂諸菩薩從初發心至究竟，無明淨盡，佛性現前，所有智慧，能顯法身），證八解脫（八種禪修方式。分別是：①內有色想觀諸色解脫②內無色想觀外色解脫③淨解脫身作證具足住④空無邊處解脫⑤識無

波，具壽摩訶那摩，具壽婆帝利迦，大迦攝波，優樓頻螺迦攝，伽耶迦攝，那提迦攝，舍利子，大目乾連；惟阿難陀住於學地。如是等諸大聲聞，各於晡時從定而起，往詣佛所，頂禮佛足，右遶三匝，退坐一面。

復有菩薩摩訶薩，百千萬億人俱——有大威德，如大龍王，名稱普聞，眾所知識，施

邊處解脫⑥無所有處解脫⑦非想非非想處解脫⑧滅受想定身作證具足住），已到涅槃彼岸。這些聖者名為：阿若憍陳如尊者、阿氏多尊者、波闍提婆尊者、摩訶男尊者、跋提尊者、大迦葉、優樓頻螺迦葉、伽耶迦葉、那提迦葉、舍利弗、大目犍連，唯有阿難住於有學位（從初果須陀洹、二果斯陀含，到三果阿那含，這三種果位都叫有學位）。這些大聲聞僧，各於晡時（即下午三時至下午五時）從禪定起座，前往佛所，頂禮佛足，右繞三圈後，退坐到一邊。

另有大菩薩，百千萬億人，皆猶如大龍王有大威德，名聲廣為人知，為眾生善知識，布施、持戒皆能清淨，安忍、精勤已經過無量劫，滌除一切雜

戒清淨，常樂奉持，忍行精勤，經無量劫，超諸靜慮，繫念現前，開闡慧門，善修方便，自在遊戲，微妙神通，逮得總持，辯才無盡，斷諸煩惱，累染皆亡，不久當成一切種智，降魔軍眾而擊法鼓，制諸外道，令起淨心，轉妙法輪，度人天眾，十方佛土悉已莊嚴，六趣有情無不蒙益，成就大智，具足大忍，住大慈悲心，有大堅固力，歷事諸佛，不般涅槃，發弘誓心，盡未來際，廣於佛所深種

念，專心繫念顯現於眼前，開智慧門，善修各種方便法門，能自在遊戲，有各種微妙身體，已得總持，辯才無盡，斷一切煩惱，累世習氣皆已消亡，不久當成就一切種智，能降魔軍而擊法鼓，制伏一切外道，讓他們生起清淨心，轉妙法輪，度人、天及眾生，十方佛土皆已莊嚴，六道眾生無不得益，成就大智，具足大忍，安住大慈悲心，具有大堅固力，到了十方諸佛國中，去承事供養修行諸行，不入涅槃，發弘誓心，窮盡無限未來之生涯、邊際，廣於佛所深種清淨因，於三世法悟無生法忍，超越二乘所行境界，以廣大善巧方便化導世間，於佛陀教法皆能演化，秘密之法、甚深法性，皆已了知，無有疑惑，這些菩薩名為：無障礙轉法輪菩薩，常發心

淨因，於三世法悟無生忍，逾於二乘所行境界，以大善巧化導世間，於大師教悉能敷演，祕密之法，甚深空性，皆已了知，無復疑惑——其名曰：無障礙轉法輪菩薩，常發心轉法輪菩薩，常精進菩薩，不休息菩薩，慈氏菩薩，妙吉祥菩薩，觀自在菩薩，總持自在王菩薩，大辯莊嚴王菩薩，妙高山王菩薩，大海深王菩薩，寶幢菩薩，大寶幢菩薩，地藏菩薩，虛空藏菩薩，寶手自在菩薩，金剛

轉法輪菩薩，常精進菩薩，不休息菩薩，慈氏菩薩，妙吉祥菩薩，觀自在菩薩，總持自在王菩薩，大辯莊嚴王菩薩，妙高山王菩薩，大海深王菩薩，寶幢菩薩，大寶幢菩薩，地藏菩薩，虛空藏菩薩，寶手自在菩薩，金剛手菩薩，歡喜力菩薩，大法力菩薩，大莊嚴光菩薩，大金光莊嚴菩薩，淨戒菩薩，常定菩薩，極清淨慧菩薩，堅固精進菩薩，心如虛空菩薩，不斷大願菩薩，施藥菩薩，療諸煩惱病菩薩，醫王菩薩，歡喜高王菩薩，得上授記菩薩，大雲淨光菩薩，大雲持法菩薩，大雲名稱喜樂菩薩，大雲現無邊稱菩薩，大雲師子吼菩薩，大雲牛王吼菩薩，大雲吉祥菩薩，大雲寶德菩薩，大雲日藏菩薩，大雲月藏菩薩，大雲星光菩薩，大雲火光菩薩，大

手菩薩，歡喜力菩薩，大法力菩薩，大莊嚴光菩薩，大金光莊嚴菩薩，淨戒菩薩，常定菩薩，極清淨慧菩薩，堅固精進菩薩，心如虛空菩薩，不斷大願菩薩，施藥菩薩，療諸煩惱病菩薩，醫王菩薩，歡喜高王菩薩，得上授記菩薩，大雲淨光菩薩，大雲持法菩薩，大雲名稱喜樂菩薩，大雲現無邊稱菩薩，大雲師子吼菩薩，大雲牛王吼菩薩，大雲吉祥菩薩，大雲寶德菩薩，大雲日藏菩薩，

雲電光菩薩，大雲雷音菩薩，大雲慧雨充遍菩薩，大雲清淨雨王菩薩，大雲花樹王菩薩，大雲青蓮花香菩薩，大雲寶栴檀香清涼身菩薩，大雲除闇菩薩，大雲破翳菩薩。這些無量大菩薩，各於下午從禪定起座，前往佛所，頂禮佛足，右繞三圈，退坐一邊。

大雲月藏菩薩，大雲星光菩薩，大雲火光菩薩，大雲電光菩薩，大雲雷音菩薩，大雲慧雨充遍菩薩，大雲清淨雨王菩薩，大雲花樹王菩薩，大雲青蓮花香菩薩，大雲寶栴檀香清涼身菩薩，大雲除闇菩薩，大雲破瞖菩薩。如是等無量大菩薩眾，各於晡時，從定而起，往詣佛所，頂禮佛足，右遶三匝，退坐一面。

復有梨車毘童子五億八千，其名曰：師子光童子，師

另有五億八千位離車童子（貴族公子），他們的名字是：師子光童子，師子慧童子，法授童子，

子慧童子，法授童子，因陀羅授童子，大光童子，大猛童子，佛護童子，法護童子，僧護童子，金剛護童子，虛空護童子，虛空吼童子，寶藏童子，吉祥妙藏童子，如是等人而為上首，悉皆安住無上菩提，於大乘中，深信歡喜。各於晡時，往詣佛所，頂禮佛足，右遶三匝，退坐一面。

復有四萬二千天子，其名曰：喜見天子，喜悅天子，日光天子，月髻天子，明慧天子，

因陀羅授童子，大光童子，大猛童子，佛護童子，法護童子，僧護童子，金剛護童子，虛空護童子，虛空吼童子，寶藏童子，吉祥妙藏童子，以這些童子為上首，所有童子皆安住無上菩提，於大乘中，深信歡喜。各於下午從禪定起座，前往佛所，頂禮佛足，右繞三圈後，退坐到一邊。

另有四萬二千天子，他們的名字是：喜見天子，喜悅天子，日光天子，月髻天子，明慧天子，虛空淨慧天子，除煩惱天子，吉祥天子，以這些天

虛空淨慧天子，除煩惱天子，吉祥天子，如是等天子而為上首，皆發弘願，護持大乘，紹隆正法，能使不絕。各於晡時，往詣佛所，頂禮佛足，右遶三匝，退坐一面。

復有二萬八千龍王：蓮華龍王，醫羅葉龍王，大力龍王，大吼龍王，小波龍王，持駃水龍王，金面龍王，如意龍王，如是等龍王而為上首，於大乘法，常樂受持，發深信心，稱揚擁護。各於晡時，往詣佛所，

子為上首，所有天子皆已發弘誓，護持大乘，繼承發揚正法，使正法不滅亡。各於下午從禪定起座，前往佛所，頂禮佛足，右繞三圈後退坐到一邊。

另有二萬八千龍王：蓮華龍王，醫羅葉龍王，大力龍王，大吼龍王，小波龍王，持駃水龍王，金面龍王，如意龍王，以這些龍王為上首，這些龍王對於大乘法能常樂受持，發深信心，稱揚擁護。各於下午從禪定起座，前往佛所，頂禮佛足，右繞三圈後退坐到一邊。

頂禮佛足，右遶三匝，退坐一面。

復有三萬六千諸藥叉眾，毘沙門天王而為上首。其名曰：菴婆藥叉，持菴婆藥叉，蓮花光藏藥叉，蓮花面藥叉，顰眉藥叉，現大怖藥叉，動地藥叉，吞食藥叉，是等藥叉悉皆愛樂如來正法，深心護持，不生疲懈。各於晡時，往詣佛所，頂禮佛足，右遶三匝，退坐一面。

復有四萬九千揭路荼王，

另有三萬六千藥叉、毗沙門天王為上首。他們的名字是：菴婆藥叉，持菴婆藥叉，蓮花光藏藥叉，蓮花面藥叉，顰眉藥叉，現大怖藥叉，動地藥叉，吞食藥叉，這些藥叉皆喜愛如來正法，能深心護持，不曾生起疲倦懈怠。各於下午從禪定起座，前往佛所，頂禮佛足，右繞三圈後退坐到一邊。

另有四萬九千迦樓羅王，以香象勢力王為上

香象勢力王而為上首，及餘健闥婆，阿蘇羅，緊那羅，莫呼洛伽等，山林河海一切神仙，并諸大國所有王眾，中宮后妃，淨信男女，人天大眾悉皆雲集，咸願擁護無上大乘，讀誦受持，書寫流布。各於晡時，往詣佛所，頂禮佛足，右遶三匝，退坐一面。

如是等聲聞、菩薩、人天大眾、龍神八部，既雲集已，各各至心合掌恭敬，瞻仰尊容，目未曾捨，願樂欲聞殊勝妙法。

首，及其餘乾達婆、阿修羅、緊那羅、摩睺羅伽等，山林河海一切神仙，及一切大國國王，皇后皇妃，淨信男女，人天大眾全都齊聚一堂，共同擁護無上大乘，讀誦受持，書寫流布。各於下午從禪定起座，前往佛所，頂禮佛足，右繞三圈後退坐到一邊。

所有這些聲聞、菩薩、人天大眾、天龍八部，全部聚集完畢後，各自誠心合掌恭敬，瞻仰佛陀尊容，目光皆不曾捨離，皆願聽聞殊勝妙法。

爾時，薄伽梵於日晡時，從定而起，觀察大眾，而說頌曰：

「金光明妙法，最勝諸經王；甚深難得聞，諸佛之境界。我當為大眾，宣說如是經；并四方四佛，威神共加護：東方阿閦尊，南方寶相佛，西方無量壽，北方天鼓音。此福聚無量，數過於恒沙，讀誦是經者，當獲斯功德。亦為十方尊，深行諸菩薩，擁護持經者，令離諸苦難。

那時，世尊於天將暮時，從禪定中坐起，觀察大眾，說了以下偈頌：

「金光明妙法為最殊勝的經中之王，是甚深微妙難得聽聞的諸佛境界。我將為大眾宣說這部經；會受到四方不同世界之四佛的加持；東方阿閦佛，南方寶相佛，西方無量壽佛，北方天鼓音佛。此福聚無量，數過於恒沙，讀誦這部經的人，將會獲得這些功德。亦會有十方尊，深行諸菩薩，擁護持這部經的人，令他遠離種種的苦難。

供養是經者，如前澡浴身，飲食及香花，恒起慈悲意。若欲聽是經，令心淨無垢；常生歡喜念，能長諸功德。若以尊重心，聽聞是經者；善生於人趣，遠離諸苦難。彼人善根熟，諸佛之所讚；方得聞是經，及以懺悔法。」

如能澡浴、著鮮潔衣，專心讀誦受持此經。飲食及香花，恆起慈悲心，永不為瞋恚所動。若是聽這部經，能夠令心清淨無染垢；常生起歡喜念，能增長種種功德。若能以尊重心聽聞這部經的人；善生於人道，遠離種種的苦難。這些人的善根成熟，所有佛所稱讚；方得聽聞此經，及以懺悔法。」

第01卷

如來壽量品第二

為何如來功德無量，
壽命卻如此短暫只有八十年呢？

【要義】

由王舍城信相菩薩對佛壽命僅八十年之疑惑，透過東方阿閦佛、南方寶相佛、西方無量壽佛、北方微妙聲佛，闡說佛陀的壽命是無量無邊，不可計算，而使眾生發大菩提心。另說十法能信解如來真實理趣。

爾時，王舍大城有一菩薩摩訶薩，名曰妙幢，已於過去無量俱胝那庾多百千佛所，承事供養，殖諸善根。是時妙幢菩薩獨於靜處，作是思惟：「以何因緣，釋迦牟尼如來壽命短促，唯八十年？」復作是念：「如佛所說，有二因緣，得壽命長。云何為二？一者、不害生命，二者、施他飲食。然釋迦牟尼如來曾於無量百千萬億無數大劫，不害生命，行十善道，常以飲食惠施一切飢餓眾

那時，王舍城中有一位大菩薩，名為妙幢，已於過去無量百千億佛處，承侍供養，種一切善根。妙幢菩薩在獨於靜處時想到：「為何釋迦牟尼佛壽命如此短暫，只有八十年呢？」便說道：「如佛所說的，**有二種因緣可得長壽。是哪二種？一是不傷害其他生命，二是施眾生食物。**而釋迦牟尼佛曾於無量百千億無數大劫，不害生命，行十善業道，常以飲食佈施一切飢餓眾生，甚至於自己的身體、血肉、骨髓，也用來佈施，令眾生飽滿，**佛陀連自己的生命都佈施，更何況是施食。**」

生，乃至己身血肉骨髓，亦持施與，令得飽滿，況餘飲食。」

時彼菩薩於世尊所，作是念時，以佛威力，其室忽然廣博嚴淨，帝青琉璃種種眾寶，雜彩間飾，如佛淨土，有妙香氣過諸天香，芬馥充滿。於其四面各有上妙師子之座，四寶所成，以天寶衣而敷其上。復於此座有妙蓮花，種種珍寶以為嚴飾，量等如來自然顯現。於蓮花上有四如來，東方不動，南方寶相，西方無量壽，北方

妙幢菩薩於世尊所在之處，說完以上這段話時，佛以其威力，使這個房間忽然變得廣大莊嚴清淨，帝青色琉璃等種種寶物，間隔裝飾，如佛國淨土，有妙香氣超越天上之香，芳香四溢充滿國土。在這個國土四面各有一個上妙獅子座，由四寶所製成，以天寶衣敷在座上。此寶座還有妙蓮花等種種珍寶裝飾，數量等同如來，自然顯現。於蓮花上有四位如來，東方不動佛，南方寶相佛，西方無量壽佛，北方天鼓音佛。此四位如來各在其座位雙盤端坐，放大光明，照遍王舍城，及此三千大千世界，一直到十方恒河沙等諸佛國土，如雨般灑下天花，

天鼓音。是四如來各於其座加趺而坐，放大光明，周遍照耀王舍大城，及此三千大千世界，乃至十方恒河沙等諸佛國土，雨諸天花，奏諸天樂。爾時，於此贍部洲中及三千大千世界，所有眾生，以佛威力，受勝妙樂，無有乏少。若身不具，皆蒙具足，盲者能視，聾者得聞，瘂者能言，愚者得智，若心亂者得本心，若無衣者得衣服，被惡賤者人所敬，有垢穢者身清潔，於此世間所有利益，未曾有事，悉皆顯現。

彈奏著各種天樂。這時，於此南贍部洲（地球）中及三千大千世界的所有眾生，由佛威力，受到殊勝微妙之樂，所需物資都不缺少。若六根不具，皆得滿足，盲者能視，聾者能聽，啞者能言，愚者得智，如有心亂者能得本心，無衣物者能得衣服，低賤者能被人敬重，有污垢者能得身清潔，於此世間一切利益，及不可思議神異之事，全部都會顯現。

爾時，妙幢菩薩見四如來及希有事，歡喜踊躍，合掌一心，瞻仰諸佛殊勝之相，亦復思惟釋迦牟尼如來無量功德，惟於壽命生疑惑心：「云何如來功德無量，壽命短促唯八十年？」

爾時，四佛告妙幢菩薩言：「善男子！汝今不應思忖如來壽命長短。何以故？善男子！我等不見諸天世間梵、魔、沙門、婆羅門等，人及非人，有能算知佛之壽量，知其齊

這時，妙幢菩薩見到四位如來及這些稀有之事，歡喜地手舞足蹈，合掌一心，瞻仰諸佛殊勝的相貌，又思惟釋迦牟尼佛無量功德，只是對於佛的壽命生出疑惑：「為何如來功德無量，壽命卻如此短暫只有八十年呢？」

那時，四位如來回答妙幢菩薩：「善男子！你現在不應思索如來壽命長短的問題。為什麼呢？善男子！我等從來沒有見到過一切世間梵天、魔王、沙門、婆羅門等，以及人及非人等眾生，有能計算知曉如來壽命數量的，知道他壽命限度的；只有無上正遍知的如來能夠知道。」這時，四位如來將要

限；惟除無上正遍知者。」時四如來欲說釋迦牟尼佛所有壽量，以佛威力，欲色界天諸龍、鬼神、健闥婆、阿蘇羅、揭路茶、緊那羅、莫呼洛伽，及無量百千億那庚多菩薩摩訶薩，悉來集會，入妙幢菩薩淨妙室中。

爾時，妙幢菩薩聞四如來說釋迦牟尼佛壽量無限，白言：「世尊！云何如來示現如是短促壽量？」

時四世尊告妙幢菩薩言：

說出釋迦牟尼佛的壽命，以佛威力，欲界、色界一切天龍八部，及無量百千億萬大菩薩，都來聚集於妙幢菩薩的淨妙室中。

那時，妙幢菩薩聽聞四位如來所說的釋迦牟尼佛的壽數無限，並對他們說道：「世尊！為何如來示現如此短暫的壽量？」

這時，四位如來回答妙幢菩薩：「善男子！釋

「善男子！彼釋迦牟尼佛於五濁世出現之時，人壽百年，稟性下劣，善根微薄，復無信解。此諸眾生多有我見、人見、眾生、壽者、養育邪見、我我所見、斷常見等，為欲利益此諸異生及眾外道如是等類，令生正解，速得成就無上菩提，是故釋迦牟尼如來示現如是短促壽命。善男子！然彼如來欲令眾生見涅槃已，生難遭想、憂苦等想，於佛世尊所說經教，速當受持，讀誦通利，為人解

迦牟尼佛在五濁惡世出現的這個時候，人的壽命百歲，稟性下劣，善根微薄，再無信解。這些眾生多有我見、人見、眾生見、壽者見、養育見、邪見、我我所見、斷見常見等，**為了利益這些眾生及外道，讓他們能生正解，速能成就無上菩提，因此釋迦牟尼佛示現如此短暫壽命**。善男子！由於佛陀為了讓眾生見涅槃後，生出難遭遇想、憂苦等想，對於佛世尊所說經教，速能受持、讀誦、通達，為他人解說，不生毀謗，因此如來示現短壽。為何呢？這些眾生若見佛陀不入涅槃，則不能生出恭敬、難遭遇之想，對於如來所說甚深經典也不能受持、讀誦、通達，為他人宣說。為何呢？由於常能見佛，而不能尊重。善男子！譬如有人見到自己的

說，不生謗毀，是故如來現斯短壽。何以故？彼諸眾生若見如來不般涅槃，不生恭敬難遭之想，如來所說甚深經典，亦不受持讀誦通利、為人宣說。所以者何？以常見佛，不尊重故。善男子！譬如有人見其父母多有財產，珍寶豐盈，便於財物不生希有難遭之想。所以者何？於父財物生常想故。善男子！彼諸眾生亦復如是，若見如來不入涅槃，不生希有難遭之想。所以者何？由常見故。

父母有很多財產，珍寶豐盈，對於這些財物就不會懷有稀有、難遭遇的想法。為何呢？因為父母的財物常能見到。善男子！眾生也是如此，若是見如來不入涅槃，就不會懷有稀有、難遭遇的想法。為何呢？因為常能見到。善男子！譬如有人父母貧窮，物資財產匱乏，若是這人前往國王家、或大臣家，見到其倉庫種種珍寶非常充盈，就會生起稀有心，難遭遇的想法。此窮人為了求得財物，會想盡一切辦法，努力不怠。為何呢？為捨貧窮，而受安樂。善男子！這些眾生也是如此，若見如來入於涅槃，則生難遭遇甚至是憂苦等想法，並會如此想：『無量劫以來佛陀出現如優曇婆羅花，時間只有一現而已。』這些眾生就會懷有稀有心，生起難遭遇的想

善男子！譬如有人父母貧窮，資財乏少，然彼貧人或詣王家、或大臣舍，見其倉庫種種珍寶悉皆盈滿，生希有心，難遭之想。時彼貧人為欲求財，廣設方便，策勤無怠。所以者何？為捨貧窮，受安樂故。善男子！彼諸眾生亦復如是，若見如來入於涅槃，生難遭想乃至憂苦等想，復作是念：『於無量劫諸佛如來出現於世，如烏曇跋花，時乃一現。』彼諸眾生發希有心，起難遭想。若遇如來，

法。若遇如來，就會心生起敬信，問說正法，生真實語想，一切經典皆能受持，不生起毀謗心。善男子！由於這個因緣，佛世尊不會久住於世，而要速入涅槃。善男子！佛陀以此善巧方便成就眾生。」那時，四位如來說完這些話，忽然消失不見了。

心生敬信，聞說正法，生實語想，所有經典悉皆受持，不生毀謗。善男子！以是因緣，彼佛世尊，不久住世，速入涅槃。善男子！是諸如來，以如是等善巧方便成就眾生。」爾時，四佛說是語已，忽然不現。

爾時，妙幢菩薩摩訶薩與無量百千菩薩，及無量億那庾多百千眾生，俱共往詣鷲峯山中釋迦牟尼如來正遍知所，頂禮佛足，在一面立。時妙幢菩薩以如上事具白世尊。

這時，妙幢大菩薩與無量百千菩薩，及無量百千億萬眾生，一同前往靈鷲峰中釋迦牟尼佛的住所，頂禮佛足，站立於一旁。妙幢菩薩將之前的事，全部告訴了世尊。

時四如來亦詣鷲峯，至釋迦牟尼佛所，各隨本方就座而坐，告侍者菩薩言：「善男子！汝今可詣釋迦牟尼佛所，為我致問：『少病少惱，起居輕利，安樂行不？』復作是言：『善哉！善哉！釋迦牟尼如來！今可演說《金光明經》甚深法要，為欲饒益一切眾生，除去飢饉，令得安樂，我當隨喜。』」

時彼侍者各詣釋迦牟尼佛所，頂禮雙足，却住一面，俱白佛言：「彼天人師致問無

四位如來此時也前往靈鷲峰，來到了釋迦牟尼佛的住所，各隨本來的方位而坐，並告訴侍者菩薩說：「善男子！你去釋迦牟尼佛處，替我問候：『佛陀您最近是否少病少惱、生活起居便利、安樂呢？』然後再說：『很好！很好！釋迦牟尼佛！現在祈請您演說《金光明經》的甚深法要，可利益一切眾生，除去飢餓災荒，讓眾生能得安樂，我將會心生歡喜。』」

侍者各自前往釋迦牟尼佛處，頂禮佛足，站於一旁，一起對佛說道：「各位如來一共向您問好：『佛陀您最近是否少病少惱、生活起居便利、安

量：『少病少惱，起居輕利，安樂行不？』復作是言：『善哉！善哉！釋迦牟尼如來！今可演說《金光明經》甚深法要，為欲利益一切眾生，除去飢饉，令得安樂。』」

爾時，釋迦牟尼如來、應、正等覺告彼侍者諸菩薩言：「善哉！善哉！彼四如來乃能為諸眾生饒益安樂，勸請於我宣揚正法。」

爾時，妙幢菩薩親於佛前，及四如來并二大士諸天子所，

樂？』然後再說：『很好！很好！釋迦牟尼佛！現在祈請您演說《金光明經》的甚深法要，可利益一切眾生，除去飢餓災荒，讓眾生能得安樂。』」

這時，釋迦牟尼佛告訴這幾位侍者菩薩：「很好！很好！這四位如來能為饒益眾生，令得安樂，勸請我宣揚正法。」

那時，妙幢菩薩親自來到佛陀面前，及四位如來及兩位大士，所有天子所在之處，聽聞釋迦牟

聞說釋迦牟尼如來壽量事已，復從座起，合掌恭敬白佛言：「世尊！若實如是，諸佛如來不般涅槃，無舍利者，云何經中說有涅槃及佛舍利，令諸人天恭敬供養？過去諸佛現有身骨流布於世，人天供養得福無邊？今復言無，致生疑惑。惟願世尊哀愍我等，廣為分別！」

爾時，佛告妙幢菩薩及諸大眾：「汝等當知！云般涅槃有舍利者，是密意說，如是之義，當一心聽。善男子！菩薩

尼佛壽量的情況後，再次從座位上站起，合掌恭敬對佛說道：「世尊！若真是如此，諸佛如來不入涅槃，亦無舍利，何為經文中說有涅槃及佛舍利，令一切人天恭敬供養呢？過去諸佛現身有身骨流傳於世間，令人天供養能得無邊福報呢？但現在又說沒有舍利，讓我產生疑惑。希望世尊哀憫我們，廣為解說。」

那時，佛陀對妙幢菩薩及法會大眾開示：「你們應該知曉！所謂涅槃有舍利，是有密意之說，這其中的法義，你們應仔細聽聞。善男子！**大菩薩應知有十法能信解如來真實理趣，說有究竟大般涅

摩訶薩如是應知，有其十法能解如來、應、正等覺真實理趣，說有究竟大般涅槃。云何為十？一者、諸佛如來究竟斷盡諸煩惱障、所知障故，名為涅槃。二者、諸佛如來善能解了有情無性及法無性故，名為涅槃。三者、能轉身依及法依故，名為涅槃。四者、於諸有情任運休息化因緣故，名為涅槃。五者、證得真實無差別相平等法身故，名為涅槃。六者、了知生死及以涅槃無二性故，名

槃。何為**十法**？

一是由於**諸佛如來究竟斷盡一切煩惱、所知障，稱為涅槃**。

二是由於諸佛如來能真實瞭解一切眾生無自性及一切法無自性，稱為涅槃。

三是由於諸佛如來能轉身所依境及法所依境，稱為涅槃。

四是諸佛如來能於一切眾生任運休息、度化因緣，稱為涅槃。

五是由於**諸佛如來證得真實無差別相平等法身，稱為涅槃**。

六是由於**諸佛如來了知生死及涅槃體性無二，稱為涅槃**。

為涅槃。七者、於一切法了其根本，證清淨故，名為涅槃。八者、於一切法無生無滅善修行故，名為涅槃。九者、真如法界實際平等，得正智故，名為涅槃。十者、於諸法性及涅槃性，得無差別故，名為涅槃。是謂十法說有涅槃。」

「復次，善男子！菩薩摩訶薩如是應知，復有十法，能解如來、應、正等覺真實理趣，說有究竟大般涅槃。云何為十？一者、一切煩惱以樂欲為

七是由於**諸佛如來對於一切法，皆能了知其根本，所證清淨，稱為涅槃。**

八是由於諸佛如來善於把握一切法無生滅而修行，稱為涅槃。

九是由於諸佛如來體悟真如、法界實際平等而得正智，稱為涅槃。

十是由於諸佛如來對於法性及涅槃性，能得無差別，稱為涅槃。

「另外，善男子！**大菩薩應知另有十法能信解如來真實理趣**，說有究竟大般涅槃。何為十法？

一是一切煩惱以欲樂為根本，從欲樂生，由於諸佛世尊已斷欲樂，稱為涅槃。

二是由於**諸佛如來已斷欲樂，不取著一法，由**

本，從樂欲生；諸佛世尊斷樂欲故，名為涅槃。二者、以諸如來斷諸樂欲，不取一法，以不取故，無去無來，無所取故，名為涅槃。三者、以無去來及無所取，是則法身不生不滅，無生滅故，名為涅槃。四者、此無生滅非言所宣，言語斷故，名為涅槃。五者、無有我人，惟法生滅，得轉依故，名為涅槃。六者、煩惱隨惑，皆是客塵，法性是主，無來無去，佛了知故，名為涅槃。七者、真

於不取著，因此無來無去，由此無所取著，稱為涅槃。

三是以無去來及無取著，則法身不生不滅，由此無生滅，稱為涅槃。

四是此無生滅非語言能宣說，離言語，稱為涅槃。

五是沒有人我分別，惟有法相生滅，而得轉依報，稱為涅槃。

六是煩惱隨眠皆是客塵，法性是主，無來無去，由於佛陀能真實了知，稱為涅槃。

七是真如是實，其餘皆是虛妄，實性體即是真如，真如性者即是如來，稱為涅槃。

八是真實法性無有戲論，唯獨如來可證此真實

如是實，餘皆虛妄，實性體者即是真如，真如性者即是如來，名為涅槃。八者、實際之性無有戲論，惟獨如來證實際法，戲論永斷，名為涅槃。九者、無生是實，生是虛妄，愚癡之人漂溺生死，如來體實，無有虛妄，名為涅槃。十者、不實之法是從緣生，真實之法不從緣起，如來法身，體是真實，名為涅槃。善男子！是謂十法說有涅槃。

法，戲論永斷，稱為涅槃。

九是**無生法是實**，**生滅法是妄**，愚癡之人漂溺生死，如來體實，無有虛妄，稱為涅槃。

十是**不實之法是從緣生**，**真實之法不從緣起**，**如來法身**，**體是真實**，稱為涅槃。

善男子！由此十法說有涅槃。

復次，善男子！菩薩摩訶薩如是應知，復有十法，能解如來、應、正等覺真實理趣，說有究竟大般涅槃。云何為十？一者、如來善知施及施果，無我我所，此施及果不正分別，永除滅故，名為涅槃。二者、如來善知戒及戒果，無我我所，此戒及果不正分別，永除滅故，名為涅槃。三者、如來善知忍及忍果，無我我所，此忍及果不正分別，永除滅故，名為涅槃。四者、如來善知勤及勤果，

另外，善男子！大菩薩應知另有十法能信解如來真實理趣，說有究竟大般涅槃。何為十法？

一是佛陀善知佈施及佈施果報，無我、我所，此佈施及佈施果報無分別相，由於永除滅此分別相，稱為涅槃。

二是佛陀善知持戒及持戒果報，無我、我所，此持戒及持戒果報無分別相，由於永除滅此分別相，稱為涅槃。

三是佛陀善知安忍及安忍果報，無我、我所，此安忍及安忍果報無分別相，由於永除滅此分別相，稱為涅槃。

四是佛陀善知精進及精進果報，無我、我所，此精進及精進果報無分別相，由於永除滅此分別

無我我所，此勤及果不正分別，永除滅故，名為涅槃。五者、如來善知定及定果，無我我所，此定及果不正分別，永除滅故，名為涅槃。六者、如來善知慧及慧果，無我我所，此慧及果不正分別，永除滅故，名為涅槃。七者、諸佛如來善能了知一切有情非有情，一切諸法皆無性，不正分別，永除滅故，名為涅槃。八者、若自愛者便起追求，由追求故，受眾苦惱；諸佛如來除自愛故，永絕追求，

相，稱為涅槃。

五是佛陀善知禪定及禪定果報，無我、我所，此禪定及禪定果報無分別相，由於永除滅此分別相，稱為涅槃。

六是佛陀善知般若及般若果報，無我、我所，此般若及般若果報無分別相，由於永除滅此分別相，稱為涅槃。

七是諸佛如來善能了知一切有情、非有情，一切諸法皆無自性，不正分別，由於永除滅此分別相，稱為涅槃。

八是若**有自愛則起追求，由此追求心，而受各種苦惱；諸佛如來已除自愛，永絕追求**，稱為涅槃。

無追求故，名為涅槃。九者、有為之法皆有數量，無為法者數量皆除，佛離有為，證無為法，無數量故，名為涅槃。十者、如來了知有情及法，體性皆空，離空非有，空性即是真法身故，名為涅槃。善男子！是謂十法說有涅槃。」

九是有為法皆有數量，無為法數量已除，佛陀離有為法，證無為法，因此無數量，稱為涅槃。十是如來了知有情及法，**體性皆空，離空非有**，空性皆是真如法身，稱為涅槃。善男子！由此十法說有涅槃。」

第02卷

分別三身品第三

所有的如來皆有三種身，化身、應身以及法身，
這三種互為什麼樣的關係？
又以那一種身為最根本呢？

【要義】

本品是整部經最核心的部分，說明成就法報化一體三身的佛果。「法身」就是依法而生，和法完全相應，這個法是無量無邊，一切佛的法身都是一個；「應身」跟「化身」都是在種種因緣之下所顯現的，而究竟的就是「法身」。「法身」是萬法的本體，「應身」跟「化身」則是法身所呈現的相貌和作用。體、相、用三位一體，法、報、化不即不離，總不出這一念心的範圍。若我們對佛的三身有正確的了解，很快就可以解脫生死。

爾時，虛空藏菩薩摩訶薩，在大眾中從座而起，偏袒右肩，右膝著地，合掌恭敬，頂禮佛足，以上微妙金寶之花寶幢幡蓋而為供養，白佛言：「世尊！云何菩薩摩訶薩於諸如來甚深祕密，如法修行？」佛言：

「善男子！諦聽！諦聽！善思念之，吾當為汝分別解說。

善男子！一切如來有三種身。云何為三？一者、化身，二者、應身，三者、法身。如是三身具足，攝受阿耨多羅三

這時，虛空藏大菩薩於大眾中從座位上站起來，偏袒右肩，右膝著地，合掌恭敬，頂禮佛足，以上妙金寶花所制的寶幢、幡蓋供養佛陀，對佛問道：「世尊！大菩薩對於如來甚深秘法應如何如法修行？」佛陀回答：

「善男子！你要仔細聽！認真聽！我現在為你分別解釋。

善男子！**所有的如來皆有三種身**。是哪三種？**一是化身，二是應身，三是法身**。此三身具足，可攝受無上正等正覺，若能正了知此三身，可速了生死、出輪迴。**菩薩如何了知化身**？善男子！如來

藐三菩提，若正了知，速出生死。云何菩薩了知化身？善男子！如來昔在修行地中，為一切眾生修種種法，如是修習至修行滿，修行力故，得大自在；自在力故，隨眾生意，隨眾生行，隨眾生界，悉皆了別，不待時，不過時，處相應，時相應，行相應，說法相應，現種種身，是名化身。善男子！云何菩薩了知應身？謂諸如來為諸菩薩得通達故，說於真諦，為令解了生死涅槃是一味故，為除身見眾生怖畏歡喜故，為

往昔在修行地中，為一切眾生修種種法，這些修習一直到圓滿，因為這個修行力，得大自在；**由自在力，隨眾生心，隨眾生行，隨眾生界，皆能了別，不超前，不落後，於一切處、時、行、說法皆能相應，現出種種身，這就叫作化身。**善男子！菩薩如何了知應身？為了使菩薩於一切法通達，說真諦法，讓他們瞭解生死涅槃本是一法，為了除其身見及眾生怖畏歡喜，為無邊佛法做根本，以如實相應真如、真如智本願力，現三十二相、八十種好、頸項和背脊有圓光相，這叫作應身。善男子！大菩薩如何了知法身？為除一切煩惱障，為得一切善法，唯有真如、真如智，這叫作法身。**前兩種身，是假名有，此第三身識真實有，是前兩種身的根本。**為

無邊佛法而作本故，如實相應如如、如如智本願力故，是身得現具三十二相、八十種好、項背圓光，是名應身。善男子！云何菩薩摩訶薩了知法身？為除諸煩惱等障，為具諸善法故，唯有如如、如如智，是名法身。前二種身，是假名有，此第三身，是真實有，為前二身而作根本。何以故？離法如如，離無分別智，一切諸佛無有別法，一切諸佛智慧具足，一切煩惱究竟滅盡，得清淨佛地，是故法如如、如如智攝一切佛法。

何呢？離法身真如，無分別智，一切諸佛無有別法，一切諸佛智慧具足，一切煩惱究竟滅盡，得清淨佛地，因此真如法、真如智遍攝一切佛法。

復次，善男子！一切諸佛利益自他，至於究竟。自利益者，是法如如，利益他者，是如如智。能於自他利益之事，而得自在，成就種種無邊用故，是故分別一切佛法，有無量無邊種種差別。善男子！譬如依止妄想思惟，說種種煩惱，說種種業用，說種種果報。如是依法如如，依如如智，說種種佛法，說種種獨覺法，說種種聲聞法。依法如如，依如如智，一切佛法自在成就，是為第一

另外，善男子！一切諸佛利益自他，直至究竟。所謂自利，是法如如，『法』是法性（一切萬法的體性），『如』是真如，法性真如而一如，是一不是二。所謂利他，如如智，第一個如字一如，第二個如字謂真如，智謂根本智，即真如根本智一如。能於自他利益之事，而能夠得大自在，因能成就種種無邊用，因此能分別一切佛法，有無量無邊種種差別。善男子！譬如依止妄想思維，說種種煩惱、種種業用、種種果報。若依真如法、真如智，說種種佛法、種種緣覺法、種種聲聞法。依真如法、真如智，一切佛法自在成就，此為第一不可思議法。譬如畫虛空來作莊嚴具，是難以思議的；若依真如法、真如智，成就佛法也是難以思議的。

不可思議。譬如畫空作莊嚴具，是難思議；如是依法如如，依如如智，成就佛法亦難思議。

善男子！云何法如如、如如智二無分別，而得自在事業成就？善男子！譬如如來入於涅槃，願自在故，種種事業皆得成就；法如如、如如智自在事成，亦復如是。

復次，菩薩摩訶薩入無心定，依前願力，從禪定起，作衆事業，如是二法無有分別，

善男子！為何法如如（如於真如，是不動、寂默、平等不二、不起顛倒分別的自性境界）、如如智（契合如如之理的智慧，即根本智）無二分別，而能得自在事業成就？善男子！譬如如來入涅槃，因為願自在（謂菩薩隨所願於隨時隨處成就菩提），種種事業皆得成就；法如如、如如智自在事成，也是如此。

另外，大菩薩入無心定，依前願力，從禪定起，作各種事業，此二法體性無有分別，本就自在成就。善男子！**譬如日月體性無有分別，也有如水**

自在事成。善男子！譬如日月無有分別，亦如水鏡無有分別，光明亦無分別，三種和合得有影生。如是法如如、如如智亦無分別，以願自在故，眾生有感，現應化身，如日月影和合出現。

復次，善男子！譬如無量無邊水鏡，依於光故，空影得現種種異相，空者即是無相。善男子！如是受化諸弟子等，是法身影，以願力故，於二種身現種種相，於法身地無有異

面、鏡面無有分別，光明也無分別，三種和合出現影像。因此**法如如、如如智也無分別**，以願力自在，令眾生感應，現出應身、化身，如日月光影和合出現。

另外，善男子！譬如無量無邊水鏡，依光、影等現出種種不同的相，空就是無相。善男子！這樣受教化的佛弟子，皆是法身影像，以願力於應身、化身現出種種相，於法身處是沒有不同的相。善男子！**依此二種身，一切諸佛說有餘涅槃（指煩惱既斷，但尚有殘餘之依身的涅槃），依此法身，說無**

相。善男子！依此二身，一切諸佛說有餘涅槃；依此法身，說無餘涅槃。何以故？一切餘法究竟盡故；依此三身，一切諸佛說無住處涅槃。為二身故，不住涅槃，離於法身，無有別佛。何故二身不住涅槃？二身假名不實，念念生滅，不定住故，數數出現，以不定故；法身不爾，是故二身不住涅槃，法身不二，是故不住涅槃，故依三身說無住涅槃。

善男子！一切凡夫為三相

餘涅槃（包括色身都沒有了）。為何呢？一切有餘法皆究竟除盡則稱無餘涅槃；依此三身，一切諸佛說無住涅槃。由於應身、化身不住涅槃，離開法身，就無有他佛。為什麼應化二身不住涅槃呢？因此二身是假名不實的，念念生滅，不定而住，無間出現，因為不定的緣故；法身則不同，因此**應化二身不住涅槃，與法身不二，因此不住涅槃，故能依三身說不住涅槃**。

善男子！**一切凡夫執著此三相**，有縛有障，遠故，有縛有障，遠離三身，不至三身。何者為三？一者、遍計所執相，二者、依他起相，三者、成就相。如是諸相，不能解故，不能滅故，不能淨故，是故不得至於三身。如是三相，能解、能滅、能淨故，是故諸佛具足三身。善男子！諸凡夫人未能除遣此三心故，遠離三身，不能得至。何者為三？一者、起事心，二者、依根本心，三者、根本心。依諸伏道，起事心盡；依法斷道，依根本心

離三身，無法了知三身。何為**三相**？一是**遍計所執相**（周遍計度，妄執我法），二是**依他起相**（三界心法，依他緣生），三是**成就相**（無分別智證真如）。這種種相，不能解、不能滅、不能淨，因此不能了達三身。如此三相，能解、能滅、能淨，因此諸佛具足三身。善男子！凡夫未能除去此三心，遠離三身，不能了達。何為**三心**？一是**起事心**，執著眼等之六識外境，起種種之業者。二是**依根本心**，依無明之根本而起四住地惑之心。此心障蔽佛之報身，菩薩修習斷結之道，斷除此心，故得報身。三是**根本心**，以四住煩惱為本之無明地之心。此心障蔽佛之法身，菩薩修習勝拔道，滅除此心，故得法身。**依諸對治法，除起事心；依道諦（指欲達苦**

盡；依最勝道，根本心盡。起事心滅故，得現化身；依根本心滅故，得顯應身；根本心滅故，得至法身。是故一切如來具足三身。

善男子！一切諸佛於第一身，與諸佛同事；於第二身，與諸佛同意；於第三身，與諸佛同體。善男子！是初佛身，隨眾生意有多種故，現種種相，是故說多。第二佛身，弟子一意，故現一相，是故說一。第三佛身，過一切種相，非執相

滅之境而依之修行的八正道）法，除依根本心；依最勝道，除根本心。由於起事心滅，能現化身；依根本心滅，能現應身；根本心滅，能達法身。因此一切如來具足三身。

善男子！一切諸佛於第一身，與諸佛同事；於第二身，與諸佛同意；於第三身，與諸佛同體。善男子！因此佛化身可以隨眾生意樂有多種身，現出種種相，因此說多。佛應身，由佛弟子的唯一意樂，現圓滿一相，因此說一。佛法身，超越執著於一切相之境界，因此說不一不二。善男子！因此佛化身依於應身而顯；佛應身依於法身而顯；佛法身真實而有，無所依處。

境界，是故說名不一不二。善男子！是第一身，依於應身得顯現故；是第二身，依於法身得顯現故；是法身者，是真實有，無依處故。

善男子！如是三身，以有義故而說於常，以有義故說於無常。化身者，恒轉法輪，處處隨緣，方便相續，不斷絕故，是故說常；非是本故，具足大用不顯現故，說為無常。應身者，從無始來，相續不斷，一切諸佛不共之法能攝持故，眾

善男子！如此三身，根據一些法義，而說其為常，以另一些法義，而說無常。佛的化身可恒轉法輪，處處隨緣，方便相續，因為不斷絕，所以說常；因為化身非根本，具足大用又不顯現，所以說其無常。佛應身從無識來，相續不斷，一切諸佛不共之法才可攝持，眾生無盡，功用無盡，因此說常；由於應身非根本，具足大用又不顯現，說其無常。**佛的法身並非造作法，無差別相，因為法身為根本，**

生無盡，用亦無盡，是故說常；非是本故，以具足用不顯現故，說為無常。法身者，非是行法，無有異相，是根本故，猶如虛空，是故說常。善男子！離無分別智，更無勝智，離法如如，無勝境界；是法如如，是慧如如，是二種如如，如如不一不異，是故法身慧清淨故，滅清淨故，是二清淨，是故法身具足清淨。

善男子！是法身者，二無所有所顯現故。何者名為二無

猶如虛空，因此說常。善男子！離無分別智，更無殊勝智，離真如法，更無殊勝境；因此真如法，是真如慧，此兩種真如，不一不異，因此法身是清淨慧、清淨滅，由此二清淨，則法身具足清淨。

善男子！**所謂法身，有兩種無所有而顯現**。何為兩種無所有？**於此法身的相及相所在處，此兩種**

所有？於此法身相及相處，二皆是無，非有非無，非一非異，非數非非數，非明非闇。如是如如智，不見相及相處，不見非有非無，不見非一非異，不見非數非非數，不見非明非闇。是故當知境界清淨，智慧清淨，不可分別，無有中間，為滅道本故，於此法身能顯如來種種事業。

善男子！是身因緣境界處所，果依於本，難思議故，若了此義，是身即是大乘，是如

皆是無，非有非無、非一非異、非可計數非不可計數、非明非暗。如此真如智，不見相及相所在處，不見非有非無、不見非一非異、不見非可計數非不可計數、不見非明非暗。因此應知境界清淨，智慧清淨，不可分別，無有中間，為滅道的根本，於此法身能現如來種種事業。

善男子！此法身因緣境界處所，是依根本之果，因為是難以思議的，**若能了知此義，此法身即是大乘，是如來性，是如來藏**。依於此身得初發

來性，是如來藏。依於此身得發初心，修行地心而得顯現，不退地心亦皆得現，一生補處心、金剛之心、如來之心而悉顯現，無量無邊如來妙法，皆悉顯現。依此法身，不可思議摩訶三昧而得顯現；依此法身，得現一切大智。是故二身依於三昧，依於智慧，而得顯現。如此法身，依於自體說常、說我，依大三昧故說於樂，依於大智故說清淨，是故如來常住自在安樂清淨。

心，由於修行境界之心而得顯現，由不退境界之心皆得顯現，由一生補處（一生補成佛位）、金剛、如來之心而得顯現，無量無邊如來妙法，全部都能顯現。依此法身，不可思議的摩訶三昧而得顯現；**依此法身，能現一切大智。因此應身、化身依於三昧、智慧，而得顯現。如此法身是依自體而說常、說我，依摩訶三昧說樂，依大智說清淨，因此如來常住自在安樂清淨。**

善男子！如是法身三昧智慧，過一切相，不著於相，不可分別，非常非斷，是名中道。雖有分別，體無分別。雖有三數而無三體，不增不減，猶如夢幻，亦無所執，亦無能執，法體如如是解脫處，過死王境，越生死闇，一切眾生不能修行、所不能至，一切諸佛菩薩之所住處。善男子！譬如有人願欲得金，處處求覓，遂得金礦，既得礦已，即便碎之，擇取精者，爐中銷鍊，得清淨金，隨

善男子！**此法身三昧智慧，超越一切相，又不著於相，不可分別，非常非斷，叫作中道。雖有分別，體性無別。**雖有三數量之身卻無三體性，不增不減，猶如夢幻，**無所執，也無能執，法體真如是解脫處，超越死亡，離生死暗，一切凡夫不能修行、亦不能至，是一切諸佛菩薩所住境界。**善男子！譬如有人希望得金，處處尋覓，找到金礦並挖掘金礦，將起搗碎取其精華，放入爐中熔煉，才能得清淨金，之後可隨意造型，作環、釧等法器，**雖有法器的功用，但金子的體性並沒有更改。**

意迴轉，作諸鐶釧種種嚴具，雖有諸用，金性不改。

復次，善男子！若善男子、善女人求勝解脫修行世善，得見如來及弟子眾。得親近已，白佛言：『世尊！何者為善？何者不善？何者正修，得清淨行？』諸佛如來及弟子眾，見彼問時，如是思惟：『是善男子、善女人欲求清淨，欲聽正法。』即便為說，令其開悟。彼既聞已，正念憶持，發心修行，得精進力，除懶惰障，滅

另外，善男子！若善男子、善女人為求殊勝解脫修行世間善法，見到如來及其弟子。親近他們後，向佛陀請教：『世尊！何為善？何為不善？如何正修，得清淨行？』諸佛如來及其弟子，聽聞此問，會如此思惟：『此善男子、善女人為求清淨，欲聽聞正法。』立即為其說法，令其開悟。這些人聽聞佛法，正念憶持，發心修行，得精進力，斷除懶惰障，滅一切罪，入有學位，離不尊重，熄滅掉舉（向外散的心）、悔心，入初地；依初地心，斷除**利益有情障**，入於二地；於此地中，斷除**不逼惱障**，入於三地；於此地中，斷除**心軟淨障**，入於四

一切罪，於諸學處，離不尊重，息掉悔心，入於初地；依初地心，除利有情障，得入二地；於此地中，除不逼惱障，入於三地；於此地中，除心軟淨障，入於四地；於此地中，除善方便障，入於五地；於此地中，除見真俗障，入於六地；於此地中，除見行相障，入於七地；於此地中，除不見滅相障，入於八地；於此地中，除不見生相障，入於九地；於此地中，除六通障，入於十地；於此地

地；於此地中，斷除**善方便障**，入於五地；於此地中，斷除**見真俗障**，入於六地；於此地中，斷除**見行相障**，入於七地；於此地中，斷除**不見滅相障**，入於八地；於此地中，斷除**不見生相障**，入於九地；於此地中，斷除**六通障**，入於十地；於此地中，**斷除所知障，除根本妄心，入如來地**。所謂**如來地，由三種淨，稱為極清淨**。何為三種淨？一是**煩惱淨**，二是**苦淨**，三是**相淨**。譬如真金被熔煉之後，經過燒打後，不再有雜質，這是為了顯現金性本自清淨，金體純淨，不能說金子本身不存在了。譬如污水，清理乾淨，不再有雜質，這時為了顯現水性本自清淨，並不是說水本身不存在。**因此法身，離於煩惱，除去苦集，不再有餘習，是為了顯**

中，除所知障，除根本心，入如來地。如來地者，由三淨故，名極清淨。云何為三？一者、煩惱淨，二者、苦淨，三者、相淨。譬如真金鎔銷治鍊，既燒打已，無復塵垢，為顯金性本清淨故，金體清淨，非謂無金。譬如濁水，澄渟清淨，無復滓穢，為顯水性本清淨故，非謂無水。如是法身，與煩惱離，苦集除已，無復餘習，為顯佛性本清淨故，非謂無體。譬如虛空，煙雲塵霧之所障蔽，

現佛性本自清淨，並不是說法身並不存在。譬如虛空，被煙雲、塵霧障蔽，若除去這些障礙，即虛空清淨，但並不是說虛空不存在了。因此法身除盡一切眾生苦，稱其清淨，並非法身無體。**譬如有人於睡夢中，夢見身處大河中漂泊，手腳並用，最終橫渡大河對岸，身心不敢懈怠，從睡夢醒來，不見有河水、河岸，並不是說心念不存在了。生死妄想除滅之後，本覺清淨，並不是無覺。**因此由於法界一**切妄想不再生，稱其為清淨，並非諸佛無實體。**

若除屏已，是空界淨，非謂無空。如是法身一切眾苦悉皆盡故，說為清淨，非謂無體。譬如有人於睡夢中，見大河水漂泛其身，運手動足，截流而渡，得至彼岸，由彼身心不懈退故，從夢覺已，不見有水彼此岸別，非謂無心。生死妄想既滅盡已，是覺清淨，非謂無覺。如是法界一切妄想不復生故，說為清淨，非是諸佛無其實體。

復次，善男子！是法身者，惑障清淨能現應身，業障清淨

另外，善男子！所謂法身，由於煩惱障清淨能現應身，業障清淨能現化身，所知障清淨能現法

能現化身，智障清淨能現法身。譬如依空出電，依電出光，如是依法身故，能現應身，依應身故，能現化身。由性淨故能現法身，智慧清淨能現應身，三昧清淨能現化身。此三清淨，是法如如，不異如如，一味如如，解脫如如，究竟如如，是故諸佛，體無有異。

善男子！若有善男子、善女人說於如來是我大師。若作如是決定信者，此人即應深心解了如來之身無有別異。善男子！以是義故，於諸境界不正

身。譬如依虛空出閃電，依閃電出電光，由此**法身能現應身，依應身，能現化身**。由**體性清淨能現法身，智慧清淨能現應身，禪定清淨能現化身**。此三清淨是真如法，與真如無別無二，究竟解脫，因此諸佛如來體性無別。

善男子！若有善男子、善女人說如來是我大師。**若能作決定信之人，此人應深心信解如來之身並無差別**。善男子！由此法義，**於一切境界產生的邪思惟皆能斷除**，即知一切法無有二相，亦無分**別，聖者所修行的法，即是真如法，無有二相**。由

思惟悉皆除斷，即知彼法無有二相，亦無分別，聖所修行，如如於彼，無有二相。正修行故，如是如是一切諸障悉皆除滅，如如一切障滅。如是如是法如如、如如智得最清淨，如如法界正智清淨。如是如是一切自在，具足攝受皆得成就，一切諸障悉皆除滅。一切諸障得清淨故，是名真如正智真實之相，如是見者，是名聖見，是則名為真實見佛。何以故？如實得見法真如故，是故諸佛悉能普見一切如來。何以故？

此正修行，如是一切障礙皆被除滅，真如法能滅一切障。如是真如法、真如智得最清淨，法界真如正智清淨。如是一切自在，具足攝受能得成就，一切障礙皆被除滅。一切障礙皆得清淨，名為真如正智真實之相，此真實見，名為聖見，因此名為真實見佛。為何呢？**如實能見真如法，因此諸佛皆能見一切如來**。為何呢？聲聞、緣覺已出三界，為求真實境界不能知見，因此聖人所不知見，一切凡夫對此皆生疑惑，顛倒分別，不能得度，如兔浮海必然不能過。為何呢？因為勢力微劣。凡夫也是如此，不能通達真如法。然而一切如來以無分別心，對於一切法能得大自在，具足清淨甚深智慧，是自境界，與他人不共通。**因此諸佛如來於無量無邊阿僧祇劫，不惜身命，苦修種種苦難修行，方得此身，最**

聲聞、獨覺已出三界，求真實境，不能知見，如是聖人所不知見，一切凡夫皆生疑惑，顛倒分別，不能得度，如兔浮海，必不能過。所以者何？力微劣故。凡夫之人亦復如是，不能通達法如如故。然諸如來無分別心，於一切法得大自在，具足清淨深智慧故，是自境界，不共他故。是故諸佛如來於無量無邊阿僧祇劫，不惜身命，難行苦行，方得此身，最上無比，不可思議，過言說境，是妙寂靜，離諸怖畏。

上無比不可思議，超越一切言說境界，此妙寂靜離一切怖畏。

善男子！若有善男子、善女人於此《金光明經》聽聞信解，不墮地獄、餓鬼、傍生、阿蘇羅道，常處人天，不生下賤，恒得親近諸佛如來，聽受正法，常生諸佛清淨國土。所以者何？由得聞此甚深法故，是善男子、善女人則為如來已知已記，當得不退阿耨多羅三藐三菩提。若善男子、善女人於此甚深微妙之法，一經耳者，當知是人不謗如來，不毀正法，不輕聖眾，一切眾生未種善根，令得種故，已種善根，令增長

善男子！**若有善男子、善女人於此《金光明經》聽聞信解，不墮地獄、餓鬼、畜生、阿修羅道，常處人道、天道，不生下賤，常能親近諸佛如來，聽受正法，常生諸佛清淨國土。**為何呢？**因為聽聞此甚深佛法，這些善男子、善女人能受如來授記，能得無上正等正覺。**若善男子、善女人對於此甚深微妙之法，一經耳根，就能知道此人不誹謗如來，不毀壞正法，不輕慢賢聖，一切眾生未種善根，令其得佛種，而已種善根，令其增長成熟，一切世界所有眾生皆應勤修六波羅蜜。」

成熟故，一切世界所有眾生皆勸修行六波羅蜜多。」

爾時虛空藏菩薩、梵釋四王諸天眾等，即從座起，偏袒右肩，合掌恭敬，頂禮佛足，白佛言：「世尊！若所在處，講說如是《金光明王》微妙經典，於其國土有四種利益。何者為四？

一者、國王軍眾強盛，無諸怨敵，離於疾病，壽命延長，吉祥安樂，正法興顯。二者、中宮妃后、王子諸臣和悅無諍，離於諂佞，王所愛重。三者、

這時，虛空藏菩薩、梵天、帝釋天、四天王天等天人，即從座起，偏袒右肩，合掌恭敬，頂禮佛足，對佛說道：「世尊！若所在之處講說此《金光明王》微妙經文，於此國土有四種利益。是哪四種呢？

一是國外軍隊強盛，沒有怨敵，遠離疾病，壽命增長，吉祥安樂，正法興盛。二是後宮妃子、皇后、王子、大臣和諧無諍，遠離諂曲，受國王愛重。三是沙門、婆羅門等國人修行正法，無病安樂，無枉死之人，於一切福田皆能修行。四是於三時中，

沙門、婆羅門及諸國人修行正法，無病安樂，無枉死者，於諸福田悉皆修立。四者、於三時中，四大調適，常為諸天增加守護，慈悲平等，無傷害心，令諸眾生歸敬三寶，皆願修習菩提之行。是為四種利益之事。

世尊！我等亦常為弘經故，隨逐如是持經之人，所在住處，為作利益。」

佛言：「善哉！善哉！善男子！如是！如是！汝等應當勤心流布此妙經王，則令正法久住於世。」

四大調和，常受諸天守護，慈悲平等，無傷害心，令眾生皈敬三寶，皆願修習菩提之行。此為四種利益之事。

世尊！我們也會常弘此經，並跟隨持此經文之人，於所住之處，利益此人。」

佛陀讚道：「很好！很好！善男子！就是這樣！就是這樣！你們應當辛勤用心流布此妙經王，讓正法久住於世間。」

第02卷

夢見金鼓懺悔品第四

為何金鼓發出的妙音響，
能令眾生都會離苦得到解脫？

【要義】

妙幢菩薩夢見金鼓出大音聲，演說大懺悔法，將這些偈頌都記憶受持下來繫念安住，次日向佛以偈述之，佛言此讚歎如來真實功德，並說金鼓光明的教法、懺悔方法及功德。金鼓光明比喻法身，婆羅門比喻淨行，以枹擊鼓喻觀智之機，出微妙聲喻法界大用，說明法身之理及修法身之因。

爾時，妙幢菩薩親於佛前聞妙法已，歡喜踊躍，一心思惟，還至本處。於夜夢中見大金鼓，光明晃耀猶如日輪，於此光中得見十方無量諸佛，於寶樹下坐琉璃座，無量百千大眾圍遶而為說法。見一婆羅門桴擊金鼓，出大音聲，聲中演說微妙伽他明懺悔法。妙幢聞已，皆悉憶持，繫念而住。至天曉已與無量百千大眾圍遶，將諸供具出王舍城，詣鷲峯山，至世尊所，禮佛足已布設香花，右遶三匝，退坐一面，合掌恭

那時，妙幢菩薩親自在佛前聽聞妙法後，歡喜踴躍，專心思惟，回到本處。在夜裡夢中見到大金鼓，光明普遍照耀有如太陽，於此光中能見十方無量諸佛，於寶樹下坐琉璃座，無量百千大眾圍繞此坐聽聞說法。見到一位婆羅門用鼓槌擊打金鼓，發出大音聲，音聲中演說了微妙偈頌，說明了懺悔法。妙幢菩薩聽聞之後，將這些偈頌都記憶受持下來繫念安住。到天亮後已有無量百千大眾圍繞，將其置於供具之上，離開王舍城，前往靈鷲峰，來到世尊所在之處，頂禮佛足，佈置香花，右繞三圈，退坐一旁，合掌恭敬，瞻仰佛顏，對佛陀說道：「世尊！我在夢中見一人，好像是個婆羅門（古印度四種社會階級中之最上位）以鼓槌擊金鼓，發出很大

敬，瞻仰尊顏，白佛言：「世尊！我於夢中見婆羅門以手執桴，擊妙金鼓，出大音聲，聲中演說微妙伽他明懺悔法，我皆憶持。惟願世尊降大慈悲，聽我所說。」即於佛前，而說頌曰：

「我於昨夜中，夢見大金鼓；其形極姝妙，周遍有金光。猶如盛日輪，光明皆普耀，充滿十方界，咸見於諸佛。在於寶樹下，各處琉璃座；無量百千眾，恭敬而圍遶。有一婆

的鼓聲，聲中演說懺悔偈頌，我專注地回憶夢中所聽到的懺悔偈頌。惟願世尊降大慈悲，聽我稟告。」

於是到了佛的住處於佛前，說偈頌：

「我在昨夜夢中，夢見大金鼓；其形極為美好婉妙，金光遍及。就好像旺盛的太陽，光明普遍照耀，充滿十方界，得見於一切諸佛。各於寶樹下，坐琉璃座上；無量百千眾生，恭敬而圍繞。有一位婆羅門，以鼓槌擊金鼓；在這樣的鼓聲中，宣說這微妙偈頌。

羅門，以桴擊金鼓；於其鼓聲內，說此妙伽他。

金光明鼓出妙聲，遍至三千大千界；能滅三塗極重罪，及以人中諸苦厄。由此金鼓聲威力，永滅一切煩惱障，斷除怖畏令安隱，譬如自在牟尼尊。佛於生死大海中，積行修成一切智；能令眾生覺品具，究竟咸歸功德海。由此金鼓出妙聲，普令聞者獲梵響，證得無上菩提果，常轉清淨妙法輪。

金光明鼓出妙聲，遍至三千大千界；能滅三惡道極重罪，及以人中諸苦厄。由此金鼓聲威力，永滅一切煩惱障，斷除怖畏而能安穩，譬如自在牟尼尊。佛於生死大海中，積行修成一切智；能令眾生覺品具，究竟都回歸功德海。由此金鼓出妙聲，普遍讓聽聞者都獲微妙清淨之如來梵音聲響，證得無上菩提果，常轉清淨妙法輪。

住壽不可思議劫，隨機說法利群生；能斷煩惱眾苦流，貪瞋癡等皆除滅。若有眾生處惡趣，大火猛焰周遍身；若得聞是妙鼓音，即能離苦歸依佛。皆得成就宿命智，能憶過去百千生；悉皆正念牟尼尊，得聞如來甚深教。

由聞金鼓勝妙音，常得親近於諸佛；悉能捨離諸惡業，純修清淨諸善品。一切天人有情類，殷重至誠祈願者；得聞金鼓妙音聲，能令所求皆滿足。

住壽不可思議劫，隨機說法利益眾萬物；能斷煩惱眾苦流，貪瞋癡等皆除滅。如果有眾生處三惡趣，大火猛焰周遍身；如果能聽聞這個妙鼓音，就能離苦歸依佛。全都可以成就宿命智，能回憶起自己百千世的轉世因緣；把心安住在佛的思維上，聽聞如來甚深教法。

因為我們聽聞金鼓聖妙音，就在現在未來常能親近諸佛；皆能捨離諸惡業，因不隨身，自然得純修清淨。一切天人眾生，懇切深厚至誠祈願的人；得聞金鼓妙音聲，能讓所求都能滿足。眾生墮在無間獄，猛火炎熾苦焚身；無有救護處輪迴，聽聞者眾生墮在無間獄，猛火炎熾苦焚身；無有救護處輪迴，聞者能令苦除滅。人天餓鬼傍生中，所有現受諸苦難；得聞金鼓發妙響，皆蒙離苦得解脫。

非於一佛十佛所，修諸善根今得聞；百千佛所種善根，方得聞斯懺悔法。」

能令苦除滅。人天惡鬼畜生等輪迴中一切眾生，所有現受諸苦難；也因聞金鼓發出的妙音響，都會離苦得到解脫。

我們之所以能聽聞懺悔法，不只是在一尊、十尊佛積修善根，而是在百千佛前積累無數善根所致，才能有這樣的機緣得以聽聞懺悔法。」

第03卷

滅業障品第五

有哪四種業障是難以滅除的呢？又該如何對治？

【功德利益】
豐足安樂，無有疾病，經商多得錢財，具足福德

【要義】

佛為帝釋廣說懺悔、勸請、隨喜、迴向等四法，對應普賢菩薩行願品中十大願的其中四願：懺悔業障、請轉法輪、隨喜功德、普皆回向，說明難以滅除的四種業障及四種對治業障的方法，成就業障永得清淨、滅除重障。接著明受持讀誦本經的功德。

爾時，天帝釋承佛威力，即從座起，偏袒右肩，右膝著地，合掌向佛。而白佛言：「世尊！云何善男子、善女人願求阿耨多羅三藐三菩提，修行大乘，攝受一切邪倒有情，曾所造作業障罪者，云何懺悔，當得除滅？」

佛告天帝釋：「善哉！善哉！善男子！汝今修行，欲為無量無邊眾生，令得清淨解脫安樂，哀愍世間，福利一切。若有眾生由業障故，造諸罪者，

此時，帝釋天承佛威力，從座而起，偏袒右肩，右膝著地，合掌向佛。對佛說道：「世尊！為何善男子、善女人願求無上正等正覺，修行大乘，攝受一切邪見顛倒眾生，曾所造罪障之人，應如何懺悔，滅除罪障？」

佛陀回答帝釋天：「很好！很好！善男子！你現在修行，能為無量無邊眾生，令其得清淨解脫安樂，憐憫世間，利益一切眾生。若是有眾生因為業障，而造作了各種罪業，應當勤勉，日夜六時，偏袒右肩，右膝著地，一心專念，口中言說：『歸命

應當策勵，晝夜六時，偏袒右肩，右膝著地，合掌恭敬，一心專念，口自說言：『歸命頂禮現在十方一切諸佛，已得阿耨多羅三藐三菩提者，轉妙法輪，持照法輪，雨大法雨，擊大法鼓，吹大法螺，建大法幢，秉大法炬。為欲利益安樂諸眾生故，常行法施，誘進群迷，令得大果，證常樂故。如是等諸佛世尊，以身、語、意稽首歸誠，至心禮敬。彼諸世尊以真實慧，以真實眼，真實證明，

（歸順佛之教命）頂禮現在十方一切諸佛，已得無上正等正覺者，轉妙法輪，持照法輪，雨大法雨，擊大法鼓，吹大法螺，建大法幢，持大法炬。為了利益安樂眾生，常行法布施，引導迷惑的眾生，令其得涅槃果，證寂靜樂。對於諸佛世尊，我以身語意至誠皈依，至心禮敬。諸佛世尊以真實慧，真實眼，真實證明，真實平等，全部知道全部看見所有眾生的善惡業。我從無始以來隨惡業流轉，與眾生一切造業障罪，受貪嗔癡所束縛。不識佛，不識法，不識僧時，不識善惡，由身語意造無間罪，以惡心傷害佛身導致流血，誹謗正法，破和合僧，殺阿羅漢，殺害父母。造身三、口四、意三等十惡業，自作教他造惡，見他人造惡而隨喜。對於善人，心

真實平等，悉知悉見一切眾生善惡之業。我從無始生死以來，隨惡流轉，共諸眾生造業障罪，為貪、瞋、癡之所纏縛。未識佛時，未識法時，未識僧時，未識善惡，由身、語、意造無間罪，惡心出佛身血，誹謗正法，破和合僧，殺阿羅漢，殺害父母。身三、語四、意三種行，造十惡業，自作、教他、見作隨喜。於諸善人，橫生毀謗，斗秤欺誑，以偽為真，不淨飲食施與一切，於六道中所

生毀謗，隱瞞欺詐，以假亂真，以不淨飲食布施眾生，對於六道中的父母更行惱害。或盜取佛塔供養之物、四方僧物、現前僧物，隨意使用，不樂奉行世尊律法，不隨順師長教導。對於聲聞、緣覺、大乘行者，喜生辱罵，令修行人心生悔惱。見有人勝過自己，心懷嫉妒，行法布施、財布施時，常生慳貪，**無明所覆，邪見惑心，不修善因，令惡業增長，對於諸佛所說法而起誹謗，佛法說非佛法，非佛法說佛法**。這些罪業，佛陀以真實慧，真實眼，真實證明，真實平等，全部了知全部能見得。我今歸命（歸順佛之教命），**於諸佛前，全部坦露，不敢遮掩隱藏，未做之罪不再作，已作之罪今懺悔**。所作業障應墮惡道、地獄、畜生、餓鬼之中、阿修羅道

有父母更相惱害。或盜窣堵波物、四方僧物、現前僧物自在而用，世尊法律不樂奉行，師長教示不相隨順。見行聲聞、獨覺、大乘行者，喜生罵辱，令諸行人心生悔惱。見有勝己，便懷嫉妬，法施、財施常生慳惜，無明所覆，邪見惑心，不修善因，令惡增長，於諸佛所而起誹謗，法說非法，非法說法。如是眾罪，佛以真實慧，真實眼，真實證明，真實平等，悉知悉見。我今歸命，對諸佛

及八難處，願我此生所有業障全部消除，所有惡未來不受。又如過去諸大菩薩修菩提行，所有業障都已懺悔，我的業障現在也懺悔，全部坦露，不敢遮掩隱藏，已作之罪願得消滅，未來之惡更不敢造。又如未來諸大菩薩修菩提行，所有業障全都懺悔，我的業障現在也應懺悔，全部坦露，不敢覆藏，已作之罪願其除滅，未來之惡更不再造。』

前，皆悉發露，不敢覆藏，未作之罪更不復作，已作之罪今皆懺悔。所作業障，應墮惡道、地獄、傍生、餓鬼之中、阿蘇羅眾及八難處，願我此生所有業障皆得消滅，所有惡報未來不受。亦如過去諸大菩薩修菩提行，所有業障悉已懺悔，我之業障今亦懺悔，皆悉發露，不敢覆藏，已作之罪願得除滅，未來之惡更不敢造。亦如未來諸大菩薩修菩提行，所有業障悉皆懺悔，我之業障今亦懺悔，皆悉發露，不敢覆藏，已作之罪願得除滅，未來之惡更不敢造。亦如現在十方世界諸大菩薩修菩提行，所有業障悉已懺悔，我之業障今亦懺悔，皆悉發露，不敢覆藏，已作之罪願得除滅，未來之惡更不敢造。』

善男子！以是因緣，若有造罪，一剎那中，不得覆藏，何況一日一夜，乃至多時。若有犯罪欲求清淨，心懷愧恥，信於未來必有惡報，生大恐怖，應如是懺。如人被火燒頭燒衣，

善男子！以這個因緣，若有所造罪業，一剎那中，不得遮掩隱藏，何況一日一夜，一直至多時。若有造惡業者希望求得清淨，心懷慚愧，相信未來必有惡報，生大恐怖，應如此懺悔。好比有人被火燒頭、燒衣，必定自救令火速滅，火若不滅，心則不安；**人若犯惡業也是如此，即應懺悔，令惡業**

救令速滅，火若未滅，心不得安；若人犯罪亦復如是，即應懺悔，令速除滅。若有願生富樂之家，多饒財寶，復欲發意修習大乘，亦應懺悔，滅除業障。欲生豪貴婆羅門種、剎帝利家，及轉輪王七寶具足，亦應懺悔，滅除業障。

善男子！若有欲生四天王眾天、三十三天、夜摩天、覩史多天、樂變化天、他化自在天，亦應懺悔，滅除業障。若欲生梵眾、梵輔、大梵天、少

速得除滅。若有眾生希望投生到富樂之家，多得財寶，又發心想修習大乘，也應懺悔，滅除業障。希望投生成為富貴婆羅門種、剎帝利種，及七寶具足的轉輪聖王，也應懺悔，滅除業障。

善男子！若有眾生希望投生四天王天、三十三天、夜摩天、兜率天、樂變化天、他化自在天，也應懺悔，滅除業障。若想要投生到為梵眾天、梵輔天、大梵天、少光天、無量光天、極光淨天、少淨天、無量淨天、遍淨天、無雲天、福生天、廣果天、

光、無量光、極光淨天、少淨、無量淨、遍淨天、無雲、福生、廣果天、無煩、無熱、善現、善見、色究竟天，亦應懺悔，滅除業障。若欲求預流果、一來果、不還果、阿羅漢果，亦應懺悔，滅除業障。若欲願求三明六通、聲聞、獨覺自在菩提，至究竟地，求一切智智、淨智、不思議智、不動智、三藐三菩提正遍智者，亦應懺悔，滅除業障。何以故？善男子！一切諸法從因緣生，如來所說，

無煩天、無熱天、善現天、善見天、色究竟天，也應懺悔，滅除業障。若想要證得預流果、一來果、不還果、阿羅漢果，也應懺悔，滅除業障。若想要得三明六通、聲聞、緣覺自在菩提，至究竟地，求一切智智、淨智、不思議智、不動智、無上正等正覺智之人，也應懺悔，滅除業障。為什麼呢？善男子！**一切法皆從因緣生，如來所說的差別相生滅，是由於因緣不同而有生滅**。因此過去法已滅盡，所有業障已無餘，所有行法還未生出，未來業障也不再起。為什麼呢？善男子！一切法空，如來所說無我、人、眾生、壽者，也無生滅及無行法。

異相生，異相滅，因緣異故。如是過去諸法皆已滅盡，所有業障無復遺餘，是諸行法未得現生而今得生，未來業障更不復起。何以故？善男子！一切法空，如來所說無有我、人、眾生、壽者，亦無生滅，亦無行法。

善男子！一切諸法皆依於本，亦不可說。何以故？過一切相故。若有善男子、善女人，如是入於微妙真理，生信敬心，是名無眾生而有於本，以是義

善男子！一切諸法依於真如，也是不可說的。為何呢？**真如超越一切相**。若有善男子、善女人，入此微妙真理，心生信敬，稱為**無眾生相而有真如本心**，**以此法義，說懺悔可滅除業障**。

故，說於懺悔，滅除業障。

善男子！若人成就四法，能除業障，永得清淨。云何為四？一者、不起邪心，正念成就，二者、於甚深理不生誹謗，三者、於初行菩薩起一切智心，四者、於諸眾生起慈無量，是謂為四。

善男子！有四業障難可滅除。云何為四？一者、於菩薩律儀犯極重惡，二者、於大乘經心生誹謗，三者、於自善根不能增長，四者、貪著三有，

善男子！若有人成就四種法，能除業障，永得清淨。何為四種？一是**不起邪心，成就正念。**二是**對於甚深佛法不生誹謗。**三是**對於初心菩薩起一切智心。**四是**對於眾生起慈無量心，**此為四種能出業障法。

善男子！**有四種業障難以滅除。**是哪四種呢？一是**毀犯菩薩律儀中極重戒。**二是**對於大乘經文心生誹謗。**三是**對於自己的善根不能令其增長。**四是**貪著三界，沒有出離心。**

無出離心。

復有四種對治業障。云何為四？一者、於十方世界一切如來，至心親近，說一切罪；二者、為一切眾生勸請諸佛說深妙法；三者、隨喜一切眾生所有功德；四者、所有一切功德善根，悉皆迴向阿耨多羅三藐三菩提。

善男子！若復有人於此《金光明》微妙經典，眾經之王〈滅業障品〉，受持讀誦，憶念不忘，為他廣說，所獲功

另有四種對治業障的方法。是哪四種呢？一是對於十方世界一切如來，至心親近，說出一切罪業。二是為所有眾生勸請諸佛說甚深法。三是隨喜一切眾生所有功德。四是所有功德善根皆迴向無上菩提（迴向無上菩提，是最圓滿積累福報之迴向，世人多以功德迴向自己和家人福報智慧圓滿，唯一之無上迴向，只有迴向無上菩提）。

善男子！若有人對於此《金光明》微妙經典，眾經之王的〈滅業障品〉，受持讀誦，憶念不忘，為他人廣說，所獲功德與之前所說供養辟支佛的功德，前者百分不及其一，百千萬億分，就算是計算、

德於前所說供養功德，百分不及一，百千萬億分，乃至校量譬喻所不能及。何以故？是善男子、善女人住正行中，勸請十方一切諸佛轉無上法輪，皆為諸佛歡喜讚歎。善男子！如我所說，一切施中，法施為勝。是故，善男子！於三寶所，設諸供養，不可為比。勸受三歸，持一切戒，無有毀犯，三業不空，不可為比。一切世界一切眾生，隨力隨能，隨所願樂，於三乘中勸發菩提心，不可為

譬喻也是不能及的。為何呢？這些善男子、善女人住正行，勸請十方一切諸佛轉無上法輪，皆受諸佛歡喜讚歎。善男子！如我所說，**一切布施中，法布施最勝**。因此，善男子！**於三寶處，安置供養，不能與受持此經文功德相比**。勸受三皈（歸向、依靠「佛、法、僧」三寶，以佛為師，以法為藥，以僧為友，憑此不離正法，永離惡道），持一切戒，無有毀犯，三業不空，不能與受持此經文功德相比。一切世界一切眾生，隨其所能，隨其所樂，於三乘中勸發菩提心，不能與受持此經文功德相比。三世中的一切世界，所有眾生皆得無礙，令其速成就無量功德，不能與受持此經文功德相比。三世所有世界一切眾生，令其修行無障礙，得三菩提，不能與

比。於三世中一切世界，所有眾生皆得無礙，速令成就無量功德，不可為比。三世剎土一切眾生，令無障礙，得三菩提，不可為比。三世剎土一切眾生，勸令速出四惡道苦，不可為比。三世剎土一切眾生，勸令除滅極重惡業，不可為比。一切苦惱勸令解脫，不可為比。一切怖畏苦惱逼切，皆令得脫，不可為比。三世佛前，一切眾生所有功德，勸令隨喜，發菩提願，不可為比。勸除惡行罵辱

受持此經文功德相比。三世所有世界一切眾生，勸其速出四惡道苦，不能與受持此經文功德相比。三世所有世界一切眾生，勸其除滅極重惡業，不能與受持此經文功德相比。令其解脫一切苦惱，不能與受持此經文功德相比。令其解脫一切怖畏、苦惱，不能與受持此經文功德相比。於三世佛前，令其隨喜一切眾生所有功德，發菩提願，不能與受持此經文功德相比。勸其去除惡行辱罵之業，一切功德皆願成就，所在生中，勸請供養尊重讚歎一切三寶，勸請眾生淨修善行，成就圓滿菩提，不能與受持此經文功德相比。因此應知，勸請一切世界三世三寶，勸請圓滿六波羅蜜，勸請轉無上法輪，勸請住世經過無量劫，演說無量甚深妙法，甚深功德，也

之業，一切功德皆願成就，所在生中，勸請供養尊重讚歎一切三寶，勸請眾生淨修福行，成滿菩提，不可為比。是故當知，勸請一切世界三世三寶，勸請滿足六波羅蜜，勸請轉於無上法輪，勸請住世經無量劫，演說無量甚深妙法，功德甚深，無能比者。」

「善男子！是《金光明》微妙經典種種利益，種種增長菩薩善根，滅諸業障。善男子！若有苾芻、苾芻尼、鄔波索迦、

是不能與受持此經文相比。」

「善男子！此《金光明》微妙經典有種種利益，增長菩薩善根，滅一切業障。善男子！若有比丘、比丘尼、持五戒居士、持五戒女居士，**隨其所在之處，為人講說此《金光明》微妙經典，此國土**

鄔波斯迦，隨在何處，為人講說是《金光明》微妙經典，於其國土皆獲四種福利善根。云何為四？一者、國王無病，離諸災厄；二者、壽命長遠，無有障礙；三者、無諸怨敵，兵眾勇健；四者、安隱豐樂，正法流通。何以故？如是人王，常為釋梵四王、藥叉之眾共守護故。」

爾時，世尊告天眾曰：「善男子！是事實不？」

是時無量釋梵四王及藥叉

會有四種福報利益。何為四種？一是**國王無病**，**民眾遠離一切災厄**；二是**此國土眾生壽命長遠**，**無障礙**；三是**此國土沒有怨敵**，**士兵勇健**；四是**國土眾生安穩快樂**，**正法流通**。為什麼呢？此國國王常受帝釋天、梵天、四天王天、藥叉等共同守護。」

這時，世尊問天人眾說：「善男子！這是事實嗎？」

無量帝釋、梵天、四天王天及藥叉，同時同聲眾，俱時同聲答世尊言：「如是！如是！若有國土講宣讀誦此妙經王，是諸國主，我等四王常來擁護，行住共俱，其王若有一切災障及諸怨敵，我等四王皆使消殄，憂愁疾疫亦令除差，增益壽命，感應禎祥，所願遂心，恒生歡喜，我等亦能令其國中所有軍兵悉皆勇健。」

佛言：「善哉！善哉！善男子！如汝所說，汝當修行。何以故？是諸國主，如法行時，

回答：「是的！是的！若有國土宣講、讀誦此妙經王，此國國主皆有我等四王常來擁護，行住坐臥皆不離，這位國王若有一切災障及怨敵，我們四王皆能使其消滅，憂愁、疾病也能令其滅除，並能增長其壽命，令其感應祥福，所願隨心，常生歡喜，我們也能令其國土中的所有軍兵皆都勇健。」

佛陀說道：「很好！很好！善男子！就像你所說的，你應當修行。為什麼呢？這些國主，如法修行時，一切人民隨王修習，如法修行，這些修行者

一切人民隨王修習如法行者，汝等皆蒙色力勝利，宮殿光明，眷屬強盛。」

時釋梵等白佛言：「如是，世尊！」

佛言：「若有講讀此妙經典流通之處，於其國中大臣輔相，有四種益。云何為四？一者、更相親穆，尊重愛念；二者、常為人王心所愛重，亦為沙門、婆羅門、大國小國之所遵敬；三者、輕財重法，不求世利，嘉名普暨，眾所欽仰；

能夠得色身勝利，宮殿光明，眷屬強盛等利益。」

此時，這些帝釋天、梵王等天眾對佛陀說道：「是的，世尊！」

佛陀說：「若有講讀此妙經典流通之處，於其國土中的大臣輔相，有四種利益。是哪四種呢？一是更為友好，尊重愛念；二是常受國王所愛重，亦受沙門、婆羅門、大國小國所尊敬；三是**輕財物重佛法，不求世間利養，美名遠播，受眾人所欽仰**；四是壽命延長，安穩快樂；此為四種利益。

四者、壽命延長，安隱快樂；是名四種利益。

若有國土宣說是經，沙門、婆羅門得四種勝利。云何為四？一者、衣服、飲食、臥具、醫藥無所乏少；二者、皆得安心，思惟讀誦；三者、依於山林，得安樂住；四者、隨心所願，皆得滿足；是名四種勝利。

若有國土，宣說是經，一切人民皆得豐樂，無諸疾疫，商估往還，多獲寶貨，具足勝福，是名種種功德利益。」

若有國土宣說此經，沙門、婆羅門能得四種殊勝利益。是哪四種呢？一是衣服、飲食、臥具、醫藥不會缺少；二是能得安心，可思惟讀誦經文；三是依於山林而住，身心安樂；四是隨心所願，能得滿足；這稱為四種殊勝利益。

若有國土，宣說此經，一切人民皆能豐足安樂，無有疾病，商賈往返，多得寶貨，具足福德，這稱為種種功德利益。」

第04卷

最淨地陀羅尼品第六

為什麼大菩薩能夠善於分別真智、俗智，
以及對於一切眾生的三種根性，能分別了知呢？

【功德利益】
脫離怖畏惡獸、惡鬼、人非人、
無害人之命奪人之財者、厄難、飢饉之苦

【要義】

師子相無礙光焰菩薩問菩提心的意義，佛說明與真如相同。接著說明十度為因，各依五法成就。再說明波羅蜜義，十地光相，及十地名義。次說明十地及佛地，各有二無明為障，以及十地行十波羅蜜，並說十咒護於十地。最後說明能聽受本經者諸多功德，並期勉精勸修習。

爾時，師子相無礙光焰菩薩，與無量億眾，從座而起，偏袒右肩，右膝著地，合掌恭敬，頂禮佛足，以種種花香寶幢幡蓋而供養已，白佛言：「世尊！以幾因緣得菩提心？何者是菩提心？世尊！即於菩提，現在心不可得，未來心不可得，過去心不可得。離於菩提，菩提心亦不可得。菩提者，不可言說，心亦無色無相，無有事業，非可造作，眾生亦不可得，亦不可知。世尊！云何諸法甚深之義而可得知？」

那時，師子相無礙光焰菩薩，與無量億眾，從座位上站起來，偏袒右肩，右膝著地，合掌恭敬，頂禮佛足，以種種花香寶幢幡蓋供養之後，向佛稟告說：「世尊！以幾因緣得菩提心？何者是菩提心？世尊！即於菩提，現在心不可得，未來心不可得，過去心不可得。離於菩提，菩提心也不可得。菩提者，不可言說，心亦無色無相，無有事業，非可造作，眾生也不可得，也不可知。世尊！那為什麼諸法甚深之義是可以得知的呢？」

佛言：「善男子！如是！如是！菩提微妙，事業、造作皆不可得。若離菩提，菩提心亦不可得。菩提者，不可說，心亦不可說，無色相，無事業，一切眾生亦不可得。何以故？菩提及心，同真如故，能證所證，皆平等故，非無諸法而可了知。善男子！菩薩摩訶薩如是知者，乃得名為通達諸法，善說菩提及菩提心。菩提心者，非過去，非未來，非現在。心亦如是，眾生亦如是，於中二

佛說：「善男子！就是這樣！就是這樣！菩提微妙，事業、造作皆不可得。若離菩提，菩提心也不可得。菩提者，不可說，心亦是不可說，無色相，無事業，一切眾生也不可得。為什麼呢？**因為菩提及心與真如相同，能證、所證境界皆是平等，沒有一法是不可了知的**。善男子！大菩薩能如此了知，可稱為通達諸法，善說菩提及菩提心。所謂菩提心，非過去、非未來、非現在。心也是如此，眾生也是如此，這二種相，實際上是不可得的。為什麼呢？由於**一切諸法無生，菩提不可得，菩提之名也是不可得**，眾生、眾生之名不可得，聲聞、聲聞之名不可得，緣覺、緣覺之名不可得，菩薩、菩薩之名不可得，佛、佛之名不可得，法行、非法行、

相，實不可得。何以故？以一切法皆無生故，菩提不可得，菩提名亦不可得，眾生、眾生名不可得，聲聞、聲聞名不可得，獨覺、獨覺名不可得，菩薩、菩薩名不可得，佛、佛名不可得，行、非行不可得，行、非行名不可得。以不可得故，於一切寂靜法中而得安住，此依一切功德善根而得生起。

善男子！復依五法，菩薩摩訶薩成就靜慮波羅蜜。云何為五？一者、於諸善法攝令

法行、非法行之名不可得。因為不可得的緣故，於一切寂靜法中而得安住，這都是依一切功德善根而能生起。

善男子！另外，依五種法，大菩薩成就靜慮波羅蜜。是哪五法？一是令一切善法不散失；二是有志於解脫，不著有、無二邊；三是願得神通成就眾

不散故；二者、常願解脫，不著二邊故；三者、願得神通成就眾生諸善根故；四者、為淨法界，蠲除心垢故；五者、為斷眾生煩惱根本故。善男子！是名菩薩摩訶薩成就靜慮波羅蜜。

善男子！復依五法，菩薩摩訶薩成就智慧波羅蜜。云何為五？一者、常於一切諸佛菩薩及明智者，供養親近，不生厭背；二者、諸佛如來說甚深法，心常樂聞，無有厭足；三

生一切善根；四是**證得清淨無垢而且常住不變的法界實相**；五是**為斷眾生煩惱根本**。善男子！這就稱為大菩薩成就靜慮波羅蜜。

善男子！另外，**依五種法，大菩薩成就智慧波羅蜜**。是哪五法？一是對於一切諸佛菩薩及智者，皆會親近供養，不生厭離；二是**對於諸佛如來所說甚深法，心常樂聞，不會厭足**；三是**善於分別真智**、**俗智**；四是速能斷除見、修煩惱；五是世間技藝（方術等）、五明（一、聲明：語言、語言學、

者、真俗勝智，樂善分別；四者、見修煩惱，咸速斷除；五者、世間伎術五明之法，皆悉通達。善男子！是名菩薩摩訶薩成就智慧波羅蜜。

善男子！復依五法，菩薩摩訶薩成就方便波羅蜜。云何為五？一者、於一切眾生意樂煩惱心行差別悉皆通達；二

文字學、訓詁學、文學等，即語言表達及書寫、著述能力。二、內明：佛學教理學、哲學，為五明之首；三、因明：邏輯學，令未相信佛法的人相信，令已相信的人信仰更加堅定。四、醫方明：醫學、藥學乃至咒術等，可助強身健體，並醫治別人的色身病苦，拯救眾生。五、工巧明：藝術、科學、工藝、農業等，即日常生活中所需要的技藝）之法，全部都能通達。善男子！這就稱為大菩薩成就智慧波羅蜜。

善男子！另外，依五種法，大菩薩成就方便波羅蜜。何為五種？一是對於一切眾生意樂、煩惱、心行的差別皆能通達；二是對於無量法的對治法門，心皆知曉；三是對於大慈悲定能出入自在；

者、無量諸法對治之門，心皆曉了；三者、大慈悲定，出入自在；四者、於諸波羅蜜多，皆願修行，成就滿足；五者、一切佛法，皆願了達，攝受無遺。善男子！是名菩薩摩訶薩成就方便勝智波羅蜜。

善男子！復依五法，菩薩摩訶薩成就力波羅蜜。云何為五？一者、以正智力，能了一切眾生心行善惡；二者、能令一切眾生入於甚深微妙之法；三者、一切眾生輪迴生死，隨

四是對於一切波羅蜜，皆願修行，成就滿足；五是一切佛法皆願了達，攝受無遺。善男子！以此五種法，大菩薩成就方便勝智波羅蜜。

善男子！另外，**依五種法**，**大菩薩成就力波羅蜜**。是哪五種呢？一是以正智力，能了達一切眾生心行善惡；二是能令一切眾生入甚深微妙之法；三是一切眾生輪迴生死，隨其業緣，如實了知；四是**對於一切眾生的三種根性**，**以正智力**，**能分別了知**；五是對於眾生能如理為其解說，令其善根成熟

其緣業，如實了知；四者、於諸眾生，三種根性，以正智力，能分別知；五者、於諸眾生，如理為說，令種善根，成熟度脫，皆是智力故。善男子！是名菩薩摩訶薩成就力波羅蜜。

善男子！復依五法，菩薩摩訶薩成就智波羅蜜。云何為五？一者、能於諸法，分別善惡；二者、於黑白法，遠離攝受；三者、能於生死涅槃，不厭不喜；四者、具福智行，至究竟處；五者、受勝灌頂，能

而得解脫，皆是由於正智力。善男子！以此五種法，大菩薩成就力波羅蜜。

善男子！另外，大菩薩成就智波羅蜜。是哪五種呢？一是**能於諸法，分辨善惡**；二是對於惡法能遠離，對於善法能攝受；三是不厭生死，不喜涅槃；四是具足福智，至究竟處；五是受殊勝灌頂，能得諸佛不共法，及一切智智。善男子！以此五種法，大菩薩成就智波羅蜜。」

得諸佛不共法等，及一切智智。善男子！是名菩薩摩訶薩成就智波羅蜜。」

「善男子！菩薩摩訶薩於此初地得陀羅尼，名依功德力。」

爾時世尊即說呪曰：

「怛姪他 晡律儞 曼奴喇剃 獨虎 獨虎 獨虎 耶跋 蘇利瑜 阿婆婆薩底（丁里反，下皆同） 耶跋 旃達囉 調怛底 多跋達喀叉漫 憚茶鉢唎訶嚂 矩嚕 莎訶」

「善男子！菩薩摩訶薩於此初地得陀羅尼，稱為依功德力。」

這時世尊說了以下咒語：

「怛姪他 晡律儞 曼奴喇剃 獨虎 獨虎 獨虎 耶跋 蘇利瑜 阿婆婆薩底（丁里反，下皆同） 耶跋 旃達囉 調怛底 多跋達喀叉漫 憚茶鉢唎訶嚂 矩嚕 莎訶」

「善男子！此陀羅尼是過一恒河沙數諸佛所說，為護初地菩薩摩訶薩故。若有誦持此陀羅尼呪者，得脫一切怖畏，所謂虎狼、師子、惡獸之類，一切惡鬼、人非人等，怨賊災橫及諸苦惱，解脫五障，不忘念初地。」

「善男子！菩薩摩訶薩於第二地得陀羅尼，名善安樂住。」

「怛姪他　嗢篅（入聲，下同）哩　質哩質哩　嗢篅羅

「善男子！此陀羅尼是過一恒河沙數諸佛所說，為護初地菩薩摩訶薩。若**有人誦持此陀羅尼咒，得以脫離一切怖畏，所謂虎狼、師子、惡獸之類，一切惡鬼、人非人等，害人之命奪人之財災橫及諸苦惱，解脫五障**，不忘念初地。」

「善男子！菩薩摩訶薩於第二地得陀羅尼，名為善安樂住。」

「怛姪他　嗢篅（入聲，下同）哩　質哩質哩
嗢篅羅篅羅（引）　喃繕覩繕覩嗢篅哩　虎嚕虎嚕

篅羅（引） 喃繕覩繕覩嗢篅
哩 虎嚕虎嚕 莎訶」

「善男子！此陀羅尼是過二恒河沙數諸佛所說，為護二地菩薩摩訶薩故。若有誦持此陀羅尼呪者，脫諸怖畏惡獸、惡鬼、人非人等，怨賊災橫及諸苦惱，解脫五障，不忘念二地。」

「善男子！菩薩摩訶薩於第三地得陀羅尼，名難勝力。」

「怛姪他 憚宅 枳般
宅枳 羯喇 撽高喇撽 雞由

莎訶」

「善男子！此陀羅尼是過二恒河沙數諸佛所說，為護二地菩薩摩訶薩故。若有誦持此陀羅尼呪者，脫諸怖畏惡獸、惡鬼、人非人等，害人之命奪人之財者災橫及諸苦惱，解脫五障，不忘念二地。」

「善男子！菩薩摩訶薩於第三地得陀羅尼，名為難勝力。」

「怛姪他 憚宅 枳般 宅枳 羯喇 撽高喇
撽 雞由哩 憚撽哩 莎訶」

哩 憚擻哩 莎訶」

「善男子！此陀羅尼是過三恒河沙數諸佛所說，為護三地菩薩摩訶薩故。若有誦持此陀羅尼呪者，脫諸怖畏惡獸、惡鬼、人非人等，怨賊災橫及諸苦惱，解脫五障，不忘念三地。」

「善男子！菩薩摩訶薩於第四地得陀羅尼，名大利益。」

「怛姪他 室唎室唎 陀弭儞陀弭儞 陀哩陀哩儞 室唎室唎儞 毘舍羅波世波始娜

「善男子！此陀羅尼是過三恒河沙數諸佛所說，為護三地菩薩摩訶薩故。若有誦持此陀羅尼咒的人，脫諸怖畏惡獸、惡鬼、人非人等，害人之命奪人之財災橫及諸苦惱，解脫五障，不忘念三地。」

「善男子！菩薩摩訶薩於第四地得陀羅尼，名為大利益。」

「怛姪他 室唎室唎 陀弭儞陀弭儞 陀哩陀哩儞 室唎室唎儞 毘舍羅波世波始娜 畔陀弭帝 莎訶」

畔陀弭帝　莎訶」

「善男子！此陀羅尼是過四恒河沙數諸佛所說，為護四地菩薩摩訶薩故。若有誦持此陀羅尼呪者，脫諸怖畏惡獸、惡鬼、人非人等，怨賊災横及諸苦惱，解脫五障，不忘念四地。」

「善男子！菩薩摩訶薩於第五地得陀羅尼，名種種功德莊嚴。」

「怛姪他　訶哩訶哩　儞遮哩遮哩儞　羯喇摩（引）

「善男子！此陀羅尼是過四恒河沙數諸佛所說，為護四地菩薩摩訶薩故。若有誦持此陀羅尼咒的人，脫諸怖畏惡獸、惡鬼、人非人等，怨賊災横及諸苦惱，解脫五障，不忘念四地。」

「善男子！菩薩摩訶薩於第五地得陀羅尼，名為種種功德莊嚴。」

「怛姪他　訶哩訶哩　儞遮哩遮哩儞　羯喇摩（引）　儞僧羯喇摩（引）　儞　三婆山儞瞻跋儞

儞僧羯喇摩（引） 儞 三婆 山儞瞻跋儞 悉耽婆儞謨漢儞 碎閻步陛莎訶」

「善男子！此陀羅尼是過五恒河沙數諸佛所說，為護五地菩薩摩訶薩故。若有誦持此陀羅尼呪者，脫諸怖畏惡獸、惡鬼、人非人等，怨賊災橫及諸苦惱，解脫五障，不忘念五地。」

「善男子！菩薩摩訶薩於第六地得陀羅尼，名圓滿智。」

「怛姪他 毘徙哩毘徙哩

悉耽婆儞謨漢儞 碎閻步陛莎訶」

「善男子！此陀羅尼是過五恒河沙數諸佛所說，為護五地菩薩摩訶薩。若有人誦持此陀羅尼咒，脫諸怖畏惡獸、惡鬼、人非人等，怨賊災橫及諸苦惱，解脫五障，不忘念五地。」

「善男子！菩薩摩訶薩於第六地得陀羅尼，名圓滿智。」

「怛姪他 毘徙哩毘徙哩 摩哩儞迦哩迦哩

摩哩儞迦哩迦哩　毘度漢底

嚕嚕嚕嚕　主嚕主嚕杜嚕婆杜

嚕婆　捨捨設者婆哩灑莎（入）

悉底薩婆薩埵喃　悉甸覩曼怛

囉鉢陀儞莎訶」

「善男子！此陀羅尼是過

六恒河沙數諸佛所說，為護六

地菩薩摩訶薩故。若有誦持此

陀羅尼呪者，脫諸怖畏惡獸、

惡鬼、人非人等，怨賊災橫及

諸苦惱，解脫五障，不忘念六

地。」

「善男子！菩薩摩訶薩於

毘度漢底　嚕嚕嚕嚕　主嚕主嚕杜嚕婆杜嚕婆　捨

捨設者婆哩灑莎（入）　悉底薩婆薩埵喃　悉甸覩

曼怛囉鉢陀儞莎訶」

「善男子！此陀羅尼是過六恒河沙數諸佛所

說，為護六地菩薩摩訶薩。若有誦持此陀羅尼咒的

人，脫諸怖畏惡獸、惡鬼、人非人等，怨賊災橫及

諸苦惱，解脫五障，不忘念六地。」

「善男子！菩薩摩訶薩於第七地得陀羅尼，名

第七地得陀羅尼，名法勝行。

「怛姪他　勺訶（上）　勺訶（引）　嚕勺訶勺訶勺訶嚕　鞞陸枳鞞陸枳　阿蜜嘌哆唬漢儞勃哩山儞　鞞嚕勅枳婆嚕伐底　鞞提呬枳　頻陀鞞哩儞　阿蜜哩底枳　薄虎主愈薄虎主愈莎訶」

「善男子！此陀羅尼是過七恒河沙數諸佛所說，為護七地菩薩摩訶薩故。若有誦持此陀羅尼呪者，脫諸怖畏惡獸、惡鬼、人非人等，怨賊災橫及

法勝行。」

「怛姪他　勺訶（上）　勺訶（引）　嚕勺訶勺訶勺訶嚕　鞞陸枳鞞陸枳　阿蜜嘌哆唬漢儞勃哩山儞　鞞嚕勅枳婆嚕伐底　鞞提呬枳　頻陀鞞哩儞阿蜜哩底枳　薄虎主愈薄虎主愈莎訶」

「善男子！此陀羅尼是過七恒河沙數諸佛所說，為護七地菩薩摩訶薩。若有誦持此陀羅尼呪者，脫諸怖畏惡獸、惡鬼、人非人等，怨賊災橫及諸苦惱，解脫五障，不忘念七地。」

諸苦惱，解脫五障，不忘念七地。」

「善男子！菩薩摩訶薩於第八地得陀羅尼，名無盡藏。」

「怛姪他　室唎室唎室唎儞　蜜底蜜底　羯哩羯哩醯嚕醯嚕　主嚕主嚕　畔陀弭莎訶」

「善男子！此陀羅尼是過八恒河沙數諸佛所說，為護八地菩薩摩訶薩故。若有誦持此陀羅尼呪者，脫諸怖畏惡獸、惡鬼、人非人等，怨賊災橫及諸苦惱，解脫五障，不忘念八

「善男子！菩薩摩訶薩於第八地得陀羅尼，名為無盡藏。」

「怛姪他　室唎室唎室唎儞　蜜底蜜底　羯哩羯哩醯嚕醯嚕　主嚕主嚕　畔陀弭莎訶」

「善男子！此陀羅尼是過八恒河沙數諸佛所說，為護八地菩薩摩訶薩故。若有誦持此陀羅尼呪者，脫諸怖畏惡獸、惡鬼、人非人等，怨賊災橫及諸苦惱，解脫五障，不忘念八地。」

地。」

「善男子！菩薩摩訶薩於第九地得陀羅尼，名無量門。」

「怛姪他 訶哩旃荼哩枳 俱藍婆喇體（天里反） 都剌死 跋吒跋吒死室喇室喇迦室哩迦必室喇 莎（蘇活反）悉底 薩婆薩埵喃莎訶」

「善男子！此陀羅尼是過九恒河沙數諸佛所說，為護九地菩薩摩訶薩故。若有誦持此陀羅尼呪者，脫諸怖畏惡獸、惡鬼、人非人等，怨賊災橫及

「善男子！菩薩摩訶薩於第九地得陀羅尼，名為無量門。」

「怛姪他 訶哩旃荼哩枳 俱藍婆喇體（天里反） 都剌死 跋吒跋吒死室喇室喇迦室哩迦必室喇 莎（蘇活反）悉底 薩婆薩埵喃莎訶」

「善男子！此陀羅尼是過九恒河沙數諸佛所說，因為護九地菩薩摩訶薩。若有人誦持此陀羅尼咒，脫諸怖畏惡獸、惡鬼、人非人等，怨賊災橫及諸苦惱，解脫五障，不忘念九地。」

諸苦惱，解脫五障，不忘念九地。」

「善男子！菩薩摩訶薩於第十地得陀羅尼，名破金剛山。」

「怛姪他　悉提（去）
蘇悉提（去）謨折儞木察儞毘
木底菴末麗　毘末麗涅末麗
忙揭麗呬嚫若揭鞞　曷喇怛娜
揭鞞　三曼多跋姪麗　薩婆頞
他娑憚儞　摩捺斯莫訶摩捺斯
頞步底頞　窒步底　阿嚩誓毘
喇誓頞主底菴蜜嘌底　阿嚩誓

「善男子！菩薩摩訶薩於第十地得陀羅尼，稱為破金剛山。」

「怛姪他　悉提（去）　蘇悉提（去）謨折儞
木察儞毘木底菴末麗　毘末麗涅末麗　忙揭麗呬
嚫若揭鞞　曷喇怛娜揭鞞　三曼多跋姪麗　薩婆頞
他娑憚儞　摩捺斯莫訶摩捺斯　頞步底頞　窒步底
阿嚩誓毘喇誓頞主底菴蜜嘌底　阿嚩誓毘喇誓　跋
嚂謎　跋囉蚶（火含）麼莎（入）　囇晡喇儞晡喇
娜　曼奴喇剃莎訶」

毘喇誓　跋嚂謎　跋囉蚶（火含）麼莎（入）　囉晡喇儞晡喇娜　曼奴喇剃莎訶」

「善男子！此陀羅尼灌頂吉祥句，是過十恒河沙數諸佛所說，為護十地菩薩摩訶薩故。若有誦持此陀羅尼呪者，脫諸怖畏惡獸、惡鬼、人非人等，怨賊災橫，一切毒害，皆悉除滅，解脫五障，不忘念十地。」

「善男子！如是等無盡無滅諸陀羅尼門得成就故，是菩薩摩訶薩能於十方一切佛土化

「善男子！此陀羅尼灌頂吉祥句，是過十恒河沙數諸佛所說，為了護十地菩薩摩訶薩。若有人誦持此陀羅尼咒，就會脫離種種怖畏惡獸、惡鬼、人非人等，怨賊災橫，一切毒害，全都除滅，解脫五障，不忘念十地。」

「善男子！這些種種無盡無滅諸陀羅尼門得成就，是菩薩摩訶薩能於十方一切佛土化作佛身，演說無上種種正法，於法真如不動不住、不來不去，

作佛身，演說無上種種正法，於法真如不動不住、不來不去，善能成熟一切眾生善根，亦不見一眾生可成熟者。雖說種種諸法，於言辭中不動不住、不去不來，能於生滅證無生滅。以何因緣說諸行法無有去來？由一切法體無異故。」

爾時，大眾俱從座起，頂禮佛足而白佛言：「世尊！若所在處，講宣讀誦此《金光明最勝王經》，我等大眾皆悉往彼為作聽眾，是說法師令得利

善能成熟一切眾生善根，亦不見一眾生可成熟者。**雖說種種諸法，於言辭中不動不住、不去不來，能於生滅證無生滅。以甚麼樣的因緣而說諸行法無有去來呢？是因為一切法體都是相同的緣故。」**

這時，大眾皆從座位上站起來，頂禮佛足而稟告佛說：「世尊！若所在處，**講宣讀誦此《金光明最勝王經》，我們大眾都會前往那個地方作為聽眾，讓這位說法的法師得利益，安樂無障，身意泰**然。我們將會盡心供養，且令聽眾安穩快樂，所住

益，安樂無障，身意泰然。我等皆當盡心供養，亦令聽眾安隱快樂，所住國土，無諸怨賊、恐怖、厄難、飢饉之苦，人民熾盛。此說法處道場之地，一切諸天、人非人等一切眾生，不應履踐及以污穢。何以故？說法之處即是制底，當以香花、繒綵、幡蓋而為供養，我等常為守護，令離衰損。」

佛告大眾：「善男子！汝等應當精勤修習此妙經典，是則正法久住於世。」

的國土，無諸怨賊、恐怖、厄難、飢饉之苦，人民熾盛。此說法處的道場，一切諸天、人非人等一切眾生，不可隨意踐踏及污穢。為什麼呢？**說法之處就是佛塔**，當以香花、繒綵、幡蓋而為供養，我們常為守護，令他們遠離衰損。」

佛對大眾說：「善男子！你們應當精勤修習這部甚深微妙經典，讓正法久住於世間。」

第05卷

蓮華喻讚品第七

無上清淨牟尼尊為何有
過去、現在、未來三世殊勝微妙身？

【要義】

佛為與會大眾講述金龍主的〈蓮華喻讚〉的內容。世尊對菩提樹神說妙幢菩薩過去為金龍主王，以蓮華喻讚於諸佛，今成金鼓妙夢，以大音聲讚歎如來真實功德，金龍主在讚佛之後更加發大弘願，且透露了過去金龍主與金光明會上妙幢菩薩夢見金鼓聽聞懺悔法的因緣。接著以偈頌說明信相菩薩前世為金龍尊王時，常禮敬讚歎三世諸佛的佛身微妙，並發願於未來世常聞懺悔之法，修行六度，濟拔眾生，以此果報於未來世值釋迦佛，得佛授記。

爾時，佛告菩提樹神：「善女天！汝今應知，妙幢夜夢見妙金鼓出大音聲，讚佛功德并懺悔法，此之因緣我為汝等廣說其事，應當諦聽，善思念之。過去有王名金龍主，常以蓮華喻讚稱歎十方三世諸佛。」

即為大眾說其讚曰：

「過去未來現在佛，安住十方世界中；
我今至誠稽首禮，一心讚歎諸最勝。

那時，佛告訴菩提樹神：「善女天啊！你今應當知道，妙幢夜夢見妙金鼓出大音聲，讚佛功德並且懺悔法的本事因緣，這個因緣我為你等廣說這件事，應當仔細聽，善思念之（離心意識參究，不用意識才叫善，體悟佛所說的境界，不落在分別、執著裡面，才叫做善思念）。過去世有一個國王名為金龍主，常以蓮華喻讚稱歎十方過去現在未來諸佛。」

隨即佛陀為大眾說其讚歎偈頌：

「過去、現在、未來三世所有諸佛菩薩，安住十方世界中；
我現在誠心誠意稽首禮敬，一心讚歎最殊勝諸佛菩薩。

無上清淨牟尼尊，身光照耀如金色；
一切聲中最為上，如大梵響震雷音。
髮彩喻若黑蜂王，宛轉旋文紺青色；
齒白齊密如珂雪，平正顯現有光明。
目淨無垢妙端嚴，猶如廣大青蓮葉；
舌相廣長極柔軟，譬如紅蓮出水中。
眉間常有白毫光，右旋宛

無上清淨牟尼尊，身光照耀如金色；
一切聲中最為上，有如大梵響震雷音。
髮色猶如黑蜂之王，彎曲旋轉呈深藍色；
齒白齊密如潔白的雪，形狀整齊顯現且常有光明。
佛的眼睛清淨妙好、端正莊嚴，就好像長而大的青蓮花一樣；
舌相廣長極柔軟，譬如紅蓮出於水中。
眉間常有白毫光，向右旋宛轉呈現瑩淨透明的轉頗梨色；
眉細纖長類初月，其色晃耀比蜂王。
所有勝福果難思，迴施眾生速成佛。
彼王讚歎如來已，倍復深心發弘願；
願我當於未來世，生在無量無數劫。
夢中常見大金鼓，得聞顯說懺悔音；
讚佛功德喻蓮華，願證無生成正覺。」

寶石色；
眉毛細而纖長就好像每月初所見的形細而彎的月牙，其顏色光彩煥發就好比蜂王。
所有殊勝的福果難思，迴轉佛之功德而施於眾生速成佛。
這位國王讚歎如來之後，加深求法之心而發弘願；
願我將在未來世，生在無量無數劫。
能在夢中常見大金鼓，擊鼓得聞顯說懺悔音；
讚佛蓮花般清淨莊嚴、聖潔無染，功德如法界真如，願證無生（涅槃）成正覺。」

第05卷

金勝陀羅尼品第八

【功德利益】
獲衣食財寶、多聞聰慧、無病長壽

【要義】

佛為善住菩薩說金勝陀羅尼，此陀羅尼乃諸佛之母，能令此人福德威力不可思議，隨所願求，無不圓滿。最後結勸勿忘。

爾時，世尊復於眾中告善住菩薩摩訶薩：「善男子！有陀羅尼名曰金勝，若有善男子、善女人，欲求親見過去、未來、現在諸佛，恭敬供養者，應當受持此陀羅尼。何以故？此陀羅尼乃是過、現、未來諸佛之母。是故當知持此陀羅尼者，具大福德，已於過去無量佛所殖諸善本，今得受持，於戒清淨不毀不缺，無有障礙，決定能入甚深法門。」

世尊即為說持呪法，先稱

那時，世尊又在眾中告善住菩薩摩訶薩：「善男子！有陀羅尼名叫金勝，若有善男子、善女人，欲求親見過去、未來、現在諸佛，恭敬供養者，應當受持此陀羅尼。為什麼呢？**此陀羅尼乃是過去、現在、未來諸佛之母**。因此應當知道若是有人持此陀羅尼，具大福德，已於過去無量佛所種植種種善本，今日得受持，持戒清淨圓滿，不毀不缺，無有障礙，肯定能進入甚深法門。」

世尊即為說持咒法，先稱諸佛及菩薩名，誠心諸佛及菩薩名，至心禮敬，然後誦呪。

「南無十方一切諸佛。南無諸大菩薩摩訶薩。南謨聲聞緣覺一切賢聖。

南謨釋迦牟尼佛。南謨東方不動佛。南謨南方寶幢佛。南謨西方阿彌陀佛。南謨北方天鼓音王佛。南謨上方廣眾德佛。南謨下方明德佛。南謨寶藏佛。南謨普光佛。南謨普明佛。南謨香積王佛。南謨蓮花勝佛。南謨平等見佛。南謨寶

禮敬，然後誦咒。

「南無十方一切諸佛。南無諸大菩薩摩訶薩。南謨聲聞緣覺一切賢聖。

南謨釋迦牟尼佛。南謨東方不動佛。南謨南方寶幢佛。南謨西方阿彌陀佛。南謨北方天鼓音王佛。南謨上方廣眾德佛。南謨下方明德佛。南謨寶藏佛。南謨普光佛。南謨普明佛。南謨香積王佛。南謨蓮花勝佛。南謨平等見佛。南謨寶髻佛。南謨寶上佛。南謨寶光佛。南謨無垢光明佛。南謨辯才莊嚴思惟佛。南謨淨月光稱相王佛。南謨華嚴光佛。南謨光明王佛。南謨善光無垢稱王佛。南謨觀

髻佛。南謨寶上佛。南謨寶光佛。南謨無垢光明佛。南謨辯才莊嚴思惟佛。南謨淨月光稱相王佛。南謨華嚴光佛。南謨光明王佛。南謨善光無垢稱王佛。南謨觀察無畏自在王佛。南謨無畏名稱佛。南謨最勝王佛。南謨觀自在菩薩摩訶薩。南謨地藏菩薩摩訶薩。南謨虛空藏菩薩摩訶薩。南謨妙吉祥菩薩摩訶薩。南謨金剛手菩薩摩訶薩。南謨普賢菩薩摩訶薩。南謨無盡意菩薩摩訶薩。南謨

察無畏自在王佛。南謨無畏名稱佛。南謨最勝王佛。南謨觀自在菩薩摩訶薩。南謨地藏菩薩摩訶薩。南謨虛空藏菩薩摩訶薩。南謨妙吉祥菩薩摩訶薩。南謨金剛手菩薩摩訶薩。南謨普賢菩薩摩訶薩。南謨無盡意菩薩摩訶薩。南謨大勢至菩薩摩訶薩。南謨慈氏菩薩摩訶薩。南謨善慧菩薩摩訶薩。

大勢至菩薩摩訶薩。南謨慈氏菩薩摩訶薩。南謨善慧菩薩摩訶薩。

陀羅尼曰：

南謨曷喇怛娜怛喇夜也
怛姪他　君睇　君睇　矩折囇
矩折囇　壹窒哩　蜜窒哩　莎訶」

佛告善住菩薩：「此陀羅尼，是三世佛母，若有善男子、善女人持此呪者，能生無量無邊福德之聚，即是供養恭敬、尊重讚歎無數諸佛，如是諸佛

陀羅尼是：

南謨曷喇怛娜怛喇夜也　怛姪他　君睇　君睇
矩折囇　矩折囇　壹窒哩　蜜窒哩　莎訶」

佛對善住菩薩說：「**此陀羅尼，是三世佛母**（母是「能生」的意思：能生諸佛，所以稱為佛母。**佛從法生，所以法名為佛母**），若是有善男子、善女人持此咒，就能生無量無邊福德聚集，即是供養恭敬、尊重讚歎無數諸佛，如此諸佛皆授給此人阿

皆與此人授阿耨多羅三藐三菩提記。善住！若有人能持此呪者，隨其所欲，衣食財寶、多聞聰慧、無病長壽，獲福甚多，隨所願求，無不遂意。善住！持是呪者，乃至未證無上菩提，常與金城山菩薩、慈氏菩薩、大海菩薩、觀自在菩薩、妙吉祥菩薩、大氷伽羅菩薩等而共居止，為諸菩薩之所攝護。善住當知！持此呪時，作如是法，先應誦持滿一萬八遍為前方便。次於闇室莊嚴道場，黑月

耨多羅三藐三菩提記。善住啊！若是有人能持此咒，就能隨其所欲，衣食財寶、多聞聰慧、無病長壽，獲福甚多，隨所願求，無不遂意。善住啊！持此咒的人，就算是未證無上菩提，常能夠與金城山菩薩、慈氏菩薩、大海菩薩、觀自在菩薩、妙吉祥菩薩、大氷伽羅菩薩等一同居住，受到諸菩薩之所攝護。善住你當知！持此咒時，作這樣的法，先應誦持滿一萬八遍為之前的預備工夫。再來於闇室莊嚴道場，黑月（印度以月之盈缺將每個月分為黑月、白月兩部分，自滿月之翌日至新月前日之前半月）一日清淨洗浴，著鮮潔衣，燒香散花，種種供養及供養飲食。入道場中，先當稱禮如前所說諸佛菩薩，誠心懇切敬信懺悔之前的罪後，右膝著地，

一日清淨洗浴，著鮮潔衣，燒香散花，種種供養并諸飲食。入道場中，先當稱禮如前所說諸佛菩薩，至心殷重悔先罪已，右膝著地，可誦前呪滿一千八遍，端坐思惟，念其所願。日未出時，於道場中，食淨黑食，日唯一食，至十五日方出道場。能令此人福德威力不可思議，隨所願求無不圓滿，若不遂意，重入道場，既稱心已，常持莫忘。」

可誦前咒滿一千八遍，一心端坐著思惟，念其所希望的。在太陽未升起時，於道場中，吃日出前的飯食，一日只吃這一餐，至十五日方出道場。能令此人福德威力不可思議，隨所願求無不圓滿，若不遂意，重入道場，若已稱心，須常受持莫忘。」

第05卷

重顯空性品第九

四大皆空，是待四大分散、人死之後才空，
還是在四大最初組合時，就終歸於空呢？

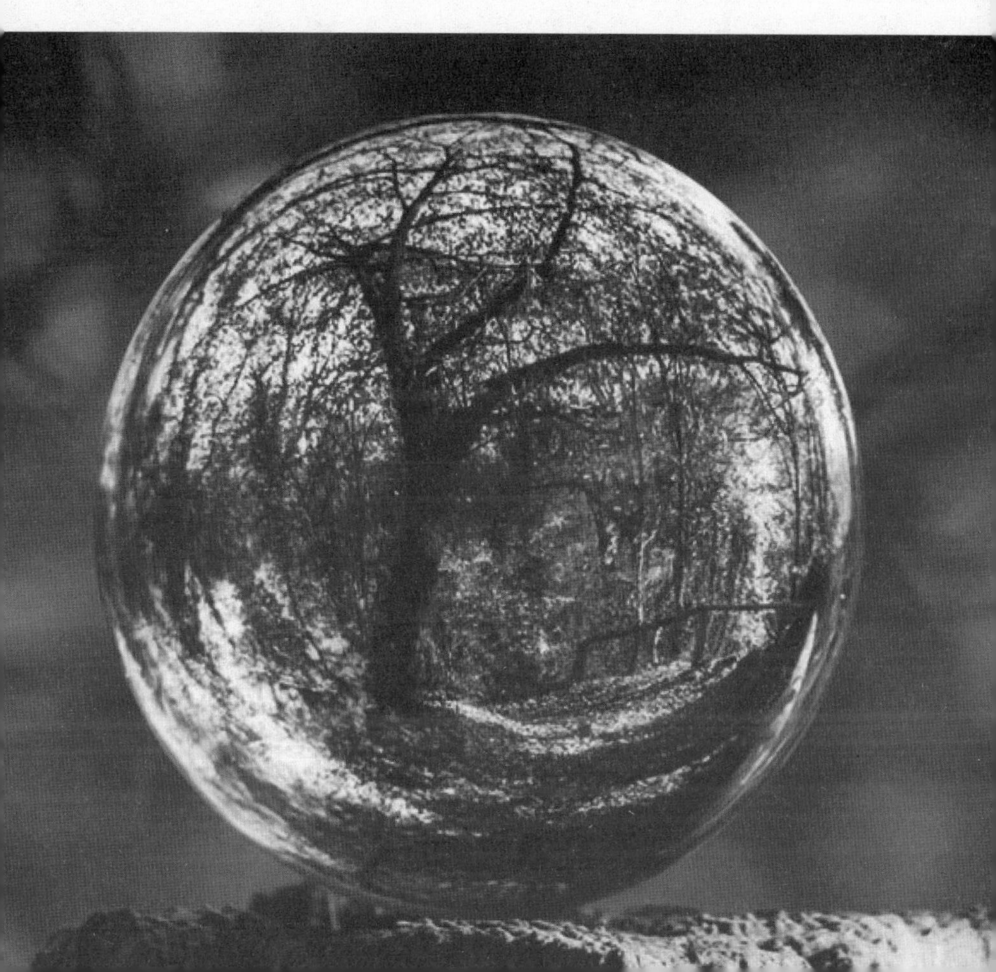

【要義】

此品內容是世尊開示甚深空性之理。以偈頌宣說空義，扼要說我空與法空，從六根十二十八界及四大無主、三有輪迴、人體不淨明我空，並以四大色、色心二等明法空，令眾生勿著緣生諸法，當求如來真實法身。最後佛以己為證修我法二空觀，可以成就自利利他等諸功德，更說明佛法微妙，能降伏一切煩惱，以及空性法的殊勝。

爾時，世尊說此呪已，為欲利益菩薩摩訶薩人天大眾，令得悟解甚深真實第一義故，重明空性而說頌曰：

「我已於餘甚深經，廣說真空微妙法；今復於此經王內，略說空法不思議。於諸廣大甚深法，有情無智不能解；故我於斯重敷演，令於空法得開悟。大悲哀愍有情故，以善方便勝因緣；我今於此大眾中，演說令彼明空義。當知此身如空聚，六賊依止不相知；

那時，世尊說完此咒，為了要利益菩薩摩訶薩、人、天及大眾，使他們能夠悟解甚深真實第一義，再次闡明空性而說了以下偈頌：

「我已於其他甚深經典，廣說真空微妙的道理；我今天再於本經中，略而解說空法的不可思議。眾生根機比較愚鈍，對於種種廣大無量空義無法理解，因此我為了讓菩薩摩訶薩、人、天及大眾能夠悟解空義而得開悟，慈悲為眾生設想，以善巧方便，今天在大眾中，再次說出偈頌來將空性闡明。應當知道人的五蘊身體，就如流放在一個空無一人的聚落當中，毫無可依靠之事，卻只有比喻六根（眼、耳、鼻、舌、身、意）的內六賊在猖獗。

六塵諸賊別依根，各不相知亦如是。眼根常觀於色處，耳根聽聲不斷絕，鼻根恒嗅於香境，舌根鎮甞於美味，身根受於輕軟觸，意根了法不知厭，此等六根隨事起，各於自境生分別。

此身無知無作者，體不堅固託緣成；皆從虛妄分別生，譬如機關由業轉。

加上比喻六塵的外六賊（色、聲、香、味、觸、法），亦各別依止在內六賊（色、聲、香、味、觸、法此六種為身心所攀緣的對象。因為這六者是產生煩惱的根源，會劫奪一切善法，所以用賊來比喻）上，產生了個別的境界出來。眼根常觀於色處，耳根聽聲不斷絕，鼻根恒嗅於香境，舌根鎮嘗於美味，身根感受輕重軟硬等觸境，意根分別追逐念頭不知疲厭，這六根隨外在事境緣生不斷，在各自對應的境界中分別。

這個五蘊身體並不是一個實體自我，有業報而無作者，完全是依賴複雜因緣而成的血肉之軀，脆弱不堅固；皆是從種種虛妄境界，生出種種分別心。由分別心起種種現行，現行作出種種善惡業，地水火風共成身，隨彼因緣招異果；同在一處相違害，如四毒蛇居一篋。此四大蛇性各異，雖居一處有昇沈；或上或下遍於身，斯等終歸於滅法。

於此四種毒蛇中，地水二蛇多沈下；

風火二蛇性輕舉，由此乖違眾病生。

心識依止於此身，造作種

種種業力就像不斷輪轉的機關，推著果報體在輪迴之中浮沈升降。

地水火風組成身體，隨各自的因緣招不同果報；同在一處相違害，就好像四毒蛇（喻地水火風之四大）居住在一個箱子裡。此四大蛇性各不同，雖居一處卻有升降進退，四大互相侵凌劫奪，則猶如四蛇，互相吞噬，直至四蛇力竭氣絕，人體四大，亦宣佈分散，生命立即消逝。

在這四種毒蛇中，地水二蛇性多沉下；

風火二蛇性輕舉，由此違背使種種的病生出。

心識依止於這個身體，造作種種善惡業；

種善惡業；

當往人天三惡趣，隨其業力受身形。

遭諸疾病身死後，大小便利悉盈流；

膿爛蟲蛆不可樂，棄在屍林如朽木。

汝等當觀法如是，云何執有我眾生？

一切諸法盡無常，悉從無明緣力起。

彼諸大種咸虛妄，本非實有體無生；

將會前往人界、天界及三惡道，隨所作業力受身形。

遭諸疾病身死後，不淨大小便滿外流；

膿爛蟲蛆無可樂，棄在屍林如朽木。

你們應當如此觀法，怎會執有我及眾生？

一切事物都是無常，皆是從無明緣力（依靠緣法而存在，能夠造成緣生法生起的力）起。

這些**種種的大種**（地、水、火、風）**皆是虛妄，本非實有體性無生**；

故說大種性皆空，知此浮虛非實有。

無明自性本是無，藉眾緣力和合有；於一切時失正慧，故我說彼為無明。行識為緣有名色，六處及觸受隨生；愛取有緣生老死，憂悲苦惱恒隨逐。眾苦惡業常纏迫，生死輪迴無息時；本來非有體是空，由不如理生分別。

我斷一切諸煩惱，常以正智現前行；了五蘊宅悉皆空，求證菩

因此說**四大性皆空**，了知這都是浮虛而非實有。

無明自性本是無，是藉眾緣力（依靠緣法而存在，能夠造成緣生法生起的力）才和合幻化而有；從無始以來相續無窮的時間失真正之慧心，因此我說這是無明。以行識為緣而有名色，六處（眼、耳、鼻、舌、身、意）及觸，受、愛、取、有、生、老死，憂悲苦惱如影隨形在我們身邊，在劫難逃。眾苦惡業常纏迫，生死輪迴沒有止息；本來非有生，體性是空，是從不如理作意而生起分別。

我遠離了一切種種煩惱，恆常以正智現前行；了知五蘊舍宅的本質都是皆空，所以求證得菩提真實處。」

提真實處。」

時諸大眾聞佛說此甚深空性，有無量眾生，悉能了達四大、五蘊體性俱空，六根、六境妄生繫縛，願捨輪迴，正修出離，深心慶喜，如說奉持。

此時，在場的大眾聽聞佛說此甚深空性，有無量的眾生，皆能了達四大、五蘊體性皆空，六根、六境妄生繫縛，願捨離輪迴，正念修行出離，深心慶喜，奉以上所說之義以行持。

第05卷

依空滿願品第十

聖人們以聖智見，了知一切諸法真如不可說，
又為何要說種種世俗的名詞言說呢？

為何五蘊不可說，非五蘊也不可說呢？

【要義】

本品說明依空性行菩提法，修平等行。如意寶光耀天女問修行法，佛開示甚深行法要依於法界（五蘊）為主，因為萬法本性空寂，唯有隨著法性行持，才不偏離中道。佛授記如意寶光耀於未來世當得作佛號寶焰吉祥藏如來。五十億比丘行菩薩行欲退菩提心者，聞此說法重發大心，皆得授記。更勸大梵天王應當要「憶念受持，為他廣說」，也於會上開示所有佛弟子，應當要精勤修學。

爾時，如意寶光耀天女於大眾中，聞說深法，歡喜踴躍，從座而起，偏袒右肩，右膝著地，合掌恭敬而白佛言：「世尊！惟願為說於甚深理修行之法。」而說頌言：「我問照世界，兩足最勝尊，菩薩正行法，惟願慈聽許。」

佛言：「善女天！若有疑惑者，隨汝意所問，吾當分別說。」

是時天女請世尊曰：「云何諸菩薩，行菩提正

這時，如意寶光耀天女於大眾中，聽聞演說甚深法，歡喜踴躍，從座位上站起來，偏袒右肩，右膝著地，合掌恭敬稟告佛說：「世尊！但願您能說依於甚深理的修行之法。」而說以下偈頌：「我問照世界，兩足最勝尊（為佛之尊號，為最尊勝無上者），菩薩正行法，但願聽而許之。」

佛言：「善女天！若是有疑惑，隨你意可以發問，我將會分別為你解說。」

此時天女請教世尊說：

「什麼是諸菩薩們行菩提正行，遠離生死涅

行，離生死涅槃，饒益自他故？」

佛告善女天：「依於法界，行菩提法，修平等行。云何依於法界，行菩提法，修平等行？謂於五蘊能現法界，法界即是五蘊，五蘊不可說，非五蘊亦不可說。何以故？若法界是五蘊，即是斷見；若離五蘊，即是常見；離於二相，不著二邊，不可見，過所見，無名無相，是則名為說於法界。」

「梵王！愚癡異生，未得

槃，饒益自他（在利他中成就自利）的因緣？」

佛回答善女天：「**依於法界，行菩提法，修平等行**。什麼是依於法界，行菩提法，修平等行呢？這是指於**五蘊能現法界，法界即是五蘊**，五蘊不可說，非五蘊也不可說。為什麼呢？**若法界是五蘊，即是斷見；若離五蘊，即是常見**；離於二相，不著二邊，見道的那個時候，那個見道的見，不是眼睛看到的那個見，能見、所見的都離開了，無名無相，這就叫作說於法界。」

「梵王！愚癡凡夫，未得出世聖慧之眼，是因出世聖慧之眼，未知一切諸法真如不可說故。是諸凡愚，若見若聞行非行法，如是思惟，便生執著，謂以為實，於第一義不能了知諸法真如是不可說。是諸聖人，若見若聞行非行法，隨其力能不生執著以為實有，了知一切無實行法、無實非行法，但妄思量行非行相，唯有名字，無有實體。是諸聖人，隨世俗說，為欲令他知真實義。如是梵王！是諸聖人，以聖智見，了法真如不可說故，

為不了知一切諸法真如不可說。這些凡夫愚癡，看見或聽聞行法、非行法，如此思惟便會生執著，執著以為實，於第一義不能了知諸法真如是不可說。因此聖人們，看見或聽聞**行法（由無明而生起的感召，能引起因果報應的身、口、意等「業」之法）、非行法（行法之外的法）**，隨其心力，**可以不生執著以為實有，了知一切無實行法、無實非行法，這都只是妄思量行相、非行相，一切唯有假名，無有實體。所以聖人們，隨世俗說，為了是讓他人知真實義。**因此，梵王！如此，聖人們以聖智見，了知諸法真如不可說，行法及非行法也是如此，令他人證知，因此說種種世俗的名詞言說。」

行非行法亦復如是，令他證知，故說種種世俗名言。」

「梵王！是諸苾芻，依此功德如說修行，過九十大劫，當得解悟，出離生死。」爾時，世尊即為授記：「汝諸苾芻過三十阿僧祇劫，當得作佛，劫名難勝光王，國名無垢光，同時皆得阿耨多羅三藐三菩提，皆同一號，名願莊嚴間飾王，十號具足。」

「梵王！是《金光明》微妙經典，若正聞持，有大威力。

「梵王！所有的比丘，依此功德如說修行，過九十大劫後，將能得解悟，出離生死。」那時，世尊為他們授記：「你們比丘，三十阿僧祇劫後，將會成佛果，劫名難勝光王，國名無垢光，同時都會證得無上正等正覺，皆同一佛號：願莊嚴間飾王，十號具足。」

「梵王！這《金光明》微妙經典，若正聞持，有大威力。假使有人於百千大劫，行六波羅蜜無有

假使有人於百千大劫，行六波羅蜜無有方便；若有善男子、善女人書寫如是《金光明經》，半月半月專心讀誦，是功德聚於前功德百分不及一，乃至算數譬喻所不能及。梵王！是故我今令汝修學，憶念受持，為他廣說。何以故？我於往昔行菩薩道時，猶如勇士入於戰陣，不惜身命，流通如是微妙經王，受持讀誦，為他解說。梵王！譬如轉輪聖王，若王在世，七寶不滅，王若命終，所有七寶

方便；**若有善男子、善女人書寫《金光明經》，半月半月專心讀誦，此功德聚於前功德百分不及一，甚至是算數譬喻所不能及**。梵王！因此我現在令你修學，憶念受持，為他人廣說。為什麼呢？我在過去行菩薩道時，猶如勇士入於戰陣，不惜付出自己的生命，流通這部微妙經王，受持讀誦，為他人解說。梵王！譬如轉輪聖王，若王在世，七寶不滅，王若命終，所有七寶自然滅盡。梵王！這《金光明》微妙經王若現在世，無上法寶皆不會滅盡，若沒有這部經，隨處隱沒。因此應當於此經王，專心聽聞，受持讀誦，為他人解說，勸人們書寫，行精進波羅蜜，不惜付出自己的生命，不畏懼疲勞，功德中是最為殊勝的，我們這些弟子應當這樣精勤修學。」

自然滅盡。梵王！是《金光明》微妙經王若現在世，無上法寶悉皆不滅，若無是經，隨處隱沒。是故應當於此經王，專心聽聞，受持讀誦，為他解說，勸令書寫，行精進波羅蜜，不惜身命，不憚疲勞，功德中勝，我諸弟子應當如是精勤修學。」

爾時，大梵天王與無量梵眾，帝釋、四王及諸藥叉，俱從座起，偏袒右肩，右膝著地，合掌恭敬而白佛言：「世尊！我等皆願守護流通是《金光明》

那時，大梵天王與無量梵眾，帝釋、四王及諸藥叉，皆從座位站起來，偏袒右肩，右膝著地，合掌恭敬而稟告佛說：「世尊！我們皆願守護流通這部《金光明》微妙經典，及說法師若有諸難，我將除遣，令他們具各種善，氣力充足，辯才無礙，身

微妙經典，及說法師若有諸難，我當除遣，令具眾善，色力充足，辯才無礙，身意泰然，時會聽者皆受安樂。所在國土，若有飢饉、怨賊、非人為惱害者，我等天眾皆為擁護，使其人民安隱豐樂，無諸枉橫，皆是我等天眾之力。若有供養是經典者，我等亦當恭敬供養，如佛不異。」

心舒暢，當時聽者皆受安樂。所在國土，若有飢饉、怨賊、非人為惱害者，我們天眾皆為擁護，使其人民安穩豐樂，無諸無罪而遭受橫禍，皆是我們天眾之力。若有人供養此經典，我們也將恭敬供養，就像對待佛一樣。」

第05卷

四天王觀察人天品第十一

【功德利益】

國土皆能得安穩之樂，遠離災患
國王在所有國王中得到最為第一的恭敬尊重
其他國王共同稱歎

【要義】

本品主要內容為天王護國、除災等，及誦持流通本經的各種現世利益。前面說明四天王與二十八部藥叉大將、無量百千藥叉之所以名為「護世者」的因緣，因為聽聞此經能令諸天增益威光、精進勇猛神通倍勝，四天王及天部眷屬更因此修行正法、說法、以法化世，更以大威神力護持此世大眾、遮止諸惡。四天王會護持講述流布本經的比丘，在《金光明最勝王經》流通的國度中，令一切衰惱災厄之事遠離。

爾時，多聞天王、持國天王、增長天王、廣目天王，俱從座起，偏袒右肩，右膝著地，合掌向佛，禮佛足已，白言：「世尊！是《金光明最勝王經》，一切諸佛常念觀察，一切菩薩之所恭敬，一切天龍常所供養，及諸天眾常生歡喜，一切護世稱揚讚歎，聲聞、獨覺皆共受持，悉能明照諸天宮殿，能與一切眾生殊勝安樂，止息地獄、餓鬼、傍生諸趣苦惱，一切怖畏悉能除殄，所有

這時，多聞天王、持國天王、增長天王、廣目天王，都從座位上起來，偏袒右肩，右膝著地，合掌向佛，禮佛後稟告佛說：「世尊！這部《金光明最勝王經》，一切諸佛常護念觀察，一切菩薩之所恭敬，一切天龍常所供養，及諸天眾常生歡喜，一切護世稱揚讚歎，聲聞、獨覺皆共受持，皆能明照諸天宮殿，能與一切眾生殊勝安樂，止息地獄、餓鬼、畜生諸趣苦惱，一切怖畏皆能除盡，所有怨敵都能夠退散，飢饉災荒時能令豐稔，疾疫病苦皆令治癒，一切災變百千苦惱都能消滅。世尊！此《金光明最勝王經》能饒益我們這些安穩利樂，但願世尊在大眾中廣為宣說。我們四王及諸眷屬部從，聽聞這個甘露無上法味，氣力充實，增益威光，精

怨敵尋即退散，飢饉惡時能令豐稔，疾疫病苦皆令蠲愈，一切災變百千苦惱咸悉消滅。世尊！是《金光明最勝王經》能為如是安隱利樂饒益我等，惟願世尊於大眾中廣為宣說。我等四王并諸眷屬，聞此甘露無上法味，氣力充實，增益威光，精進勇猛，神通倍勝。世尊！我等四王修行正法，常說正法，以法化世，我等令彼天、龍、藥叉、健闥婆、阿蘇羅、揭路荼、俱槃荼、緊那羅、莫呼羅

進勇猛，神通倍勝。世尊！我們四王修行正法，常說正法，以法化世，我們令彼天、龍、藥叉、健闥婆、阿蘇羅、揭路茶、俱槃茶、緊那羅、莫呼羅伽及諸人王，常以正法而化於世，遮止種種惡，讓所有不具慈悲，常奪取人類精氣的鬼神，皆能遠去。世尊！我們四王與二十八部藥叉大將，以及無量百千藥叉，以淨天眼過於世人，觀察擁護此瞻部洲。世尊！由於這個因緣，我等諸王，名護世者。又如果在此國土中，有國王怨賊常來侵擾，及飢饉疾疫流行，無量百千災厄之事。世尊！我們四天王於此《金光明最勝王經》恭敬供養，若有比丘法師受持讀誦，我們四天王將會前往一起去勸請。**那時候法師由我神通覺悟力，前往那個有災難的國土廣**

伽及諸人王，常以正法而化於世，遮去諸惡，所有鬼神吸人精氣無慈悲者，悉令遠去。世尊！我等四王與二十八部藥叉大將，并與無量百千藥叉，以淨天眼過於世人，觀察擁護此贍部洲。世尊！以此因緣，我等諸王，名護世者。又復於此洲中，若有國王被他怨賊常來侵擾，及多飢饉，疾疫流行，無量百千災厄之事。世尊！我等四王於此《金光明最勝王經》恭敬供養，若有苾芻法師受持

宣流布這部《金光明》微妙經典，以這個經的力量，使得無量百千衰惱災厄之事全部滅除。世尊！若諸人王於其國內，有持這部經比丘法師到這個國土時，應當知道這部經同樣也到這個國土。世尊！國王應當前往法師的處所聽聞所說，聽了以後歡喜，對這位法師恭敬供養，深心擁護，令無憂惱，演說此經利益一切。世尊！因為這部經的緣故，**我們四王天全會一心擁護這個國王及國中的人民，令他們遠離災害禍患，常得安隱。世尊！若有比丘、比丘尼、居士、女居士受持這部經，那時候國王會隨其所須，供給供養，令他們沒有匱乏缺少，我們四天王將讓這個國王及以國人，皆能得安隱之樂，遠離災患。**世尊！若有受持讀誦是經典者，人王於

讀誦，我等四王共往覺悟，勸請其人。時彼法師由我神通覺悟力故，往彼國界廣宣流布是《金光明》微妙經典，由經力故，令彼無量百千衰惱災厄之事悉皆除遣。世尊！若諸人王於其國內，有持是經苾芻法師至彼國時，當知此經亦至其國。世尊！時彼國王應往法師處，聽其所說，聞已歡喜，於彼法師恭敬供養，深心擁護，令無憂惱，演說此經利益一切。世尊！以是經故，我等四王皆共

此供養恭敬，尊重讚歎，我們也會讓這個國王在所有國王中得到最為第一的恭敬尊重，其他國王共同稱歎。」大眾聽聞後，歡喜受持。

一心護是人王及國人民，令離災患，常得安隱。世尊！若有苾芻、苾芻尼、鄔波索迦、鄔波斯迦持是經者，時彼人王隨其所須，供給供養，令無乏少，我等四王令彼國主及以國人，悉皆安隱，遠離災患。世尊！若有受持讀誦是經典者，人王於此供養恭敬，尊重讚歎，我等當令彼王於諸王中，恭敬尊重，最為第一，諸餘國王共所稱歎。」大眾聞已，歡喜受持。

第06卷

四天王護國品第十二

【功德利益】

國土中的人民自生愛樂，上下和睦恭敬，
大地沃壤，寒暑調和，時節不會次序錯亂，
日月星宿遵循固定的規律無損缺，
遠離種種意外災禍，資產財寶皆能豐盈，
常行智慧佈施，若人命終，多生天上，增益天眾

【要義】

佛讚四大天王，並付囑諸四大天王及其眷屬無量無數百千藥叉，護持這部經，等於是護持過去、未來、現在諸佛正法，且能除眾苦怨賊飢饉及疾疫。四大天王並應允守護受持本經者，說多聞天王如意寶珠咒法，如有眾生受持，將會持久擁護，令這些眾生離苦得樂。

爾時，佛告四天王：「善哉！善哉！汝等四王，乃能擁護如是經典。我於過去百千俱胝那庾多劫，修諸苦行，得阿耨多羅三藐三菩提，證一切智，今說是法。若有人王受持是經，恭敬供養者，為消衰患，令其安隱，亦復擁護城邑聚落，乃至怨賊悉令退散，亦令一切贍部洲內所有諸王，永無衰惱鬪諍之事。四王當知！此贍部洲八萬四千城邑聚落、八萬四千諸人王等，各於其國受諸快樂，

那時，佛告四天王：「很好啊！很好啊！你們四天王，能夠擁護這部經典。我在過去百千俱胝（千萬）那庾多（千億）劫，修種種苦行，已證得無上正等正覺，證一切智，現在說此法。如果有國王受持此經，恭敬供養者，將會消除衰敗憂患，令其安穩，更會擁護城邑聚落，讓怨賊皆退散，還會令一切國土內所有諸王，永無衰惱鬥爭之事。四天王你們應當知道啊！此國土八萬四千城邦聚落、八萬四千諸人王等，各於其國受種種快樂，皆得自在，所有財寶豐足受用，不相侵奪，隨各自的宿因而受其果報，不起惡念貪求他國，皆生少欲利樂之心，無有鬥戰繫縛等苦。**國土中的人民自生愛樂，上下和睦恭敬，猶如水乳，情相愛重，歡喜遊戲，**

皆得自在，所有財寶豐足受用，不相侵奪，隨彼宿因而受其報，不起惡念貪求他國，咸生少欲利樂之心，無有鬪戰繫縛等苦。其土人民自生愛樂，上下和穆，猶如水乳，情相愛重，歡喜遊戲，慈悲謙讓，增長善根。以是因緣，此贍部洲安隱豐樂，人民熾盛，大地沃壤，寒暑調和，時不乖序，日月星宿常度無虧，風雨隨時，離諸災橫，資產財寶皆悉豐盈，心無慳鄙，常行慧施，具十善業，若人命

慈悲謙讓，增長善根。以這個因緣，此國土安穩豐樂，人民繁盛，大地沃壤，寒暑調和，時節不會次序錯亂，日月星宿遵循固定的規律無損缺，風雨隨時，遠離種種意外災禍，資產財寶皆能豐盈，心無吝財，常行智慧佈施，具十善業，若人命終，多生天上，增益天眾。大王！若未來世有國王王聽聞受持且恭敬供養這部經，比丘、比丘尼、居士及女居士皆尊重稱讚。且將會安樂饒益你們及眷屬們無量百千諸藥叉眾，因此這位國王將聽受此微妙經王，從得聞此正法之水甘露上味，增益你們身心勢力，精進勇猛，福德威光皆令充滿。這些國王們若能誠心聽受此經，就是廣大稀有供養，供養於我釋迦牟尼應、正等覺。若是供養我，就等於是供養過去、

終，多生天上，增益天眾。大王！若未來世有諸人王聽受是經，恭敬供養并受持是經，四部之眾尊重稱讚。復欲安樂饒益汝等及諸眷屬無量百千諸藥叉眾，是故彼王常當聽受是妙經王，由得聞此正法之水甘露上味，增益汝等身心勢力，精進勇猛，福德威光悉令充滿。是諸人王若能至心聽受是經，則為廣大希有供養，供養於我釋迦牟尼應、正等覺。若供養我，則是供養過去、未來、現

未來、現在百千俱胝（千萬）那庾多（千億）佛。若能供養三世諸佛，則得無量不可思議功德之聚。因為這個因緣，你們應當擁護王后妃眷屬，令無衰惱，及宮宅神常受安樂，功德難思，是種種國土所有人民，亦受種種五欲之樂，一切惡事皆令滅絕。」

在百千俱胝那庾多佛。若能供養三世諸佛，則得無量不可思議功德之聚。以是因緣，汝等應當擁護彼王后妃眷屬，令無衰惱，及宮宅神常受安樂，功德難思，是諸國土所有人民，亦受種種五欲之樂，一切惡事皆令消殄。」

爾時，四天王白佛言：「世尊！於未來世，若有人王，樂聽如是《金光明經》，為欲擁護自身、后妃、王子，乃至內宮諸婇女等，城邑宮殿，皆得

那時，四天王稟告佛說：「世尊！於未來世，若是有國王歡喜聽這部《金光明經》，這位國王將會帶來擁護自身、后妃、王子，甚至是內宮宮女們等，城市宮殿，皆得第一不可思議最上歡喜寂靜安樂，於現世中，王位尊高，自在昌盛，常得增長，

第一不可思議最上歡喜寂靜安樂，於現世中，王位尊高，自在昌盛，常得增長，復欲攝受無量無邊難思福聚，於自國土令無怨敵及諸憂惱災厄事者。」

爾時，多聞天王從座而起，白佛言：「世尊！我有如意寶珠陀羅尼法，若有眾生樂受持者，功德無量。我常擁護令彼眾生離苦得樂，能成福智二種資糧。欲受持者先當誦此護身之呪。」即說呪曰：

且會接引護持無量無邊難思福聚，讓這個國土沒有怨敵及種種憂惱災難禍患事。」

那時，多聞天王從座位上站起來，稟告佛說：「世尊！我有如意寶珠陀羅尼法，如果有眾生樂受持，將功德無量。我會持久擁護使得這些眾生離苦得樂，能成福德與智慧二種資糧。想要受持者應當先唸誦這些護身之咒語。」隨即說了以下咒語：

「南謨薜室囉末拏也莫訶曷囉闍也　怛姪他　囉囉囉囉矩怒矩怒　區怒區怒　窶怒窶怒　颯嚩颯嚩羯囉　羯囉莫訶毘羯喇麼　莫訶毘羯喇麼　莫訶曷囉社　曷咯叉曷咯叉　覩漫（自稱己名）　薩婆薩埵難者　莎訶」

「世尊！誦此呪者，當以白線呪之七遍，一遍一結，繫之肘後，其事必成；應取諸香，所謂安息、栴檀、龍腦、蘇合、多揭羅、熏陸，皆須等分，和

「南謨薜室囉末拏也莫訶曷囉闍也　怛姪他　囉囉囉囉　矩怒矩怒　區怒區怒　窶怒窶怒　颯嚩颯嚩羯囉　羯囉莫訶毘羯喇麼　莫訶毘羯喇麼　莫訶曷囉社　曷咯叉曷咯叉　覩漫（自稱己名）　薩婆薩埵難者　莎訶」

「世尊！念誦此咒語的人，加持白線七遍，一遍一結，繫之肘後（綁在大臂接近手肘後方，位置類似時下跑步或運動時，放手機的運動臂套。這是因為古代衣服寬袍大袖，重要物品多繫於肘後，位置隱蔽，又方便伸手拿取。後來，「肘後」也延伸

合一處，手執香爐，燒香供養，清淨澡浴，著鮮潔衣，於一靜室，可誦神呪請我薜室囉末拏天王。」即說呪曰：

有不欲離身、隨身常備之意），其事必成；取各種妙香，所謂安息（是香木的一種，樹葉呈卵形而尖，夏季開花，花為赤色。此樹除了做香料外，也可以作為祛痰藥用）、栴檀（為檀香科常綠喬木，產於印度、中國、泰國。檀香是極為常見的香料，經常做為東方廟宇焚香之用，及火葬時的高級燃材）、龍腦（屬樹脂類的香料，遇熱就能蒸薰出清烈的香味。所以經常用來混合別種香料，作成固狀的合香來燃點，或以單品的香粉灑在炙熱的炭灰上蒸薰出香味）、蘇合（是自檫樹的外層及內層樹皮，和安息一樣的應用於香水之中。它是一種出現在石山坡地的小灌木，卵形的葉片，長約二英尺，約五公分左右，下表皮為灰白色，白色的花朵開成短短的

「南謨薜室囉末拏（引）也」

總狀花序，具有香味）、多揭羅（多揭羅樹莖高約六、七尺。樹枝呈分歧狀，葉長三至五寸，橢圓形，頂部尖銳，葉面有光澤，顏色濃綠。每葉開四至六朵純白色的花朵，非常芳香。每一個果實中藏有三至六顆種子。盛產於印度、亞洲熱帶地區、南美及澳洲等地）、熏陸（薰陸香的樹葉為羽狀複葉，花落，結小核果，呈三角形。其樹脂除供藥用外，也可製香），均等分和合一處，手執香爐，在香爐中燒香供養，清淨澡浴，穿著潔淨無瑕疵的衣服，在一靜室中，可誦神咒請我薜室囉末拏天王。」說以下咒：

「南謨薜室囉末拏（引）也」

「南謨檀那馱也　檀泥說囉（引）也　阿揭擔　阿鉢唎弭哆　檀泥說囉　鉢囉麼　迦留尼迦　薩婆薩埵　呬哆振哆　麼麼（己名）檀那末奴鉢喇拽擔　碎闍摩揭擔　莎訶」

「此呪誦滿一七遍已，次誦本呪。欲誦呪時，先當稱名敬禮三寶，及薜室羅末拏天王。能施財物，令諸眾生所求願滿，悉能成就，與其安樂。如是禮已，次誦薜室羅末拏天王如意末尼寶心神呪，能施眾生隨意

「南謨檀那馱也　檀泥說囉（引）也　阿揭擔　阿鉢唎弭哆　檀泥說囉　鉢囉麼　迦留尼迦　薩婆薩埵　呬哆振哆　麼麼（己名）檀那末奴鉢喇拽擔　碎闍摩揭擔　莎訶」

「此咒念誦滿第一個七遍之後，接著誦本咒。要念誦咒時，首先應當稱名敬禮三寶，及薜室羅末拏天王。能施予財物，令諸眾生所求心願都能滿足，皆能成就，給予安樂。這樣禮拜完後，接著念誦薜室羅末拏天王如意末尼寶心神咒，能施眾生隨意安樂。」這時，多聞天王即於佛前，說如意末尼寶心咒說：

安樂。」爾時，多聞天王即於佛前，說如意末尼寶心呪曰：

「南謨曷喇怛娜　怛喇夜野（引）南謨薜室囉末拏（引）也

「莫訶囉闍（引）也　怛姪他　四弭四弭　蘇母蘇母　栴茶栴茶　折囉折囉　薩囉薩囉羯囉羯囉　枳哩枳哩　矩嚕矩嚕　母嚕母嚕　主嚕主嚕　娑大也頞貪　我名某甲　昵店頞他　達達覩莎訶　南謨薜室囉末拏也莎訶檀那馱也莎訶

「南謨曷喇怛娜　怛喇夜野（引）南謨薜室囉末拏（引）也」

「莫訶囉闍（引）也　怛姪他　四弭四弭　蘇母蘇母　栴茶栴茶　折囉折囉　薩囉薩囉羯囉羯囉　枳哩枳哩　矩嚕矩嚕　母嚕母嚕　主嚕主嚕　娑大也頞貪　我名某甲　昵店頞他　達達覩莎訶　南謨薜室囉末拏也莎訶檀那馱也莎訶　曼奴喇他鉢喇脯喇迦（引）也莎訶」

曼奴喇他鉢唎脯喇迦（引）也莎訶」

「世尊！若持呪時，欲得見我自身現者，可於月八日或十五日，於白疊上畫佛形像，當用木膠雜彩莊飾，其畫像人為受八戒。於佛左邊作吉祥天女像，於佛右邊作我多聞天像，并畫男女眷屬之類。安置座處咸令如法，布列花彩，燒眾名香，然燈續明，晝夜無歇，上妙飲食種種珍奇，發殷重心隨時供養，受持神呪，不得輕心。

「世尊！若持咒時有人想見我出現，可於月八日或十五日，於白疊上畫佛形像，當用木膠雜彩莊飾，其畫像之人應受持八戒。於佛左邊畫吉祥天女像，於佛右邊畫四大天王中的北方我多聞天像，再畫上男女眷屬等。安置座處讓全部都如法，分布陳列綴子花彩，燒眾名香，點燈不得熄滅，晝夜無歇，上妙飲食種種珍奇物品，發殷重心隨時供養，受持神咒，不得輕心。請召我時應念誦一下此咒：

請召我時應誦此呪：

南謨室利健那也　勃陀（引）也　南謨薜室囉末拏也　藥叉囉闍（引）也　莫訶囉闍阿地囉闍也　南麼室唎耶裔　莫訶提弊（引）裔　怛姪他　怛囉怛囉　咄嚕咄嚕　末囉末囉　窣纞吐窣纞吐　漢娜漢娜　末尼羯諾迦　跋折囉薜琉璃也　目底迦楞訖嘌哆　設唎囉裔　蒲（引）薩婆薩埵四哆迦摩薜室囉末拏　室唎夜提鼻　跋孅婆也　醫四醫四磨毘

南謨室利健那也　勃陀（引）也　南謨薜室囉末拏也　藥叉囉闍（引）也　莫訶囉闍阿地囉闍也　南麼室唎耶裔　莫訶提弊（引）裔　怛姪他　怛囉怛囉　咄嚕咄嚕　末囉末囉　窣纞吐窣纞吐　漢娜漢娜　末尼羯諾迦　跋折囉薜琉璃也　目底迦楞訖嘌哆　設唎囉裔　蒲（引）薩婆薩埵呬哆迦摩薜室囉末拏　室唎夜提鼻　跋孅婆也　醫呬醫呬磨毘藍婆　瞿嘌拏瞿嘌拏　袜（厤八切）喇娑袜喇娑　達馱呬麼麼　阿目迦那末寫（自稱己名）達哩設那迦末寫達哩設南　麼麼末那　鉢喇曷囉大也　莎訶」

藍婆　瞿嘌拏瞿嘌拏（麻八反）
喇婆袜喇婆　達馱呬麼麼　阿
目迦那末寫（自稱己名）達哩
設那迦末寫達哩設南　麼麼末
那　鉢喇曷囉大也　莎訶」

第07卷

無染著陀羅尼品第十三

【功德利益】

不論在一劫、百劫、千劫、百千劫，
所發的正願無有窮盡，
身體也不被刀杖、毒藥、水火、猛獸所損害

【要義】

佛為具壽舍利子說無染著陀羅尼，是諸菩薩所修行法，過去菩薩之所受持，是菩薩母，接著說明陀羅尼之義，而此無染著陀羅尼為正道、趣於理、勢力安立，是諸佛功德、諸佛禁戒、諸佛所學、諸佛祕意、諸佛生處等。最後說明此無染著陀羅尼句，如果有人能善安住、能正受持，不論在一劫、百劫、千劫、百千劫，所發的正願無有窮盡，身體也不被刀杖、毒藥、水火、猛獸所損害，因為無染著陀羅尼，是過去、未來、現在諸佛母。

爾時，世尊告具壽舍利子：「今有法門，名無染著陀羅尼，是諸菩薩所修行法，過去菩薩之所受持，是菩薩母。」

說是語已，具壽舍利子白佛言：「世尊！陀羅尼者，是何句義？世尊！陀羅尼者，非方處、非非方處。」

作是語已，佛告舍利子：「善哉！善哉！舍利子！汝於大乘已能發起，信解大乘，尊重大乘。如汝所說，陀羅尼者，非方處、非非方處，非法、非

當時，世尊對具壽舍利子說：「現在有個法門，叫做無染著陀羅尼（總持、咒語、真言、密語），是諸菩薩所修行的法門，過去菩薩所受持的，是菩薩母（根源）。」

佛說完這句話之後，具壽舍利子稟告佛說：「世尊！陀羅尼（總持、咒語、真言、密語），是哪些句義？世尊！陀羅尼沒有停留處所、非沒有停留處所。」

這些話說完後，佛對舍利子說：「很好！很好！舍利子！你於大乘已能發起，信解大乘，尊重大乘。如擬所說，陀羅尼者，非方處、非非方處，非法、非非法，非過去、非未來、非現在，非事、非非事，非緣、非非緣，非行、非非行，無有法生，

非法，非過去、非未來、非現在，非事、非非事，非緣、非緣，非行、非非行，無有法生，亦無法滅。然為利益諸菩薩故，作如是說。於此陀羅尼功用正道理趣勢力安立，即是諸佛功德，諸佛禁戒，諸佛所學，諸佛祕意，諸佛生處，故名無染著陀羅尼最妙法門。」

作是語已，舍利子白佛言：「世尊！惟願善逝為我說此陀羅尼法。若諸菩薩能安住者，於無上菩提不復退轉，成

也無法滅。是因為要利益諸菩薩的緣故而這樣說。**在這陀羅尼功用、正道、趣於理、勢力安立，就是諸佛功德，諸佛禁戒，諸佛所學，諸佛祕意，諸佛生長的地方，因此稱為無染著陀羅尼最妙法門。」**

佛說完這段話後，舍利子稟告佛說：「世尊！只希望您能為我說這陀羅尼法。如果諸菩薩能安住於無上菩提而不再退轉，成就正願，得無所依，自性辯才，獲稀奇少有事，安住於聖道，都是因為得

就正願，得無所依，自性辯才，獲希有事，安住聖道，皆由得此陀羅尼故。」

佛告舍利子：「善哉！善哉！如是！如是！如汝所說。若有菩薩得此陀羅尼者，應知是人與佛無異。若有供養尊重、承事供給此菩薩者，應知即是供養於佛。舍利子！若有餘人聞此陀羅尼，受持讀誦生信解者，亦應如是恭敬供養，與佛無異，以是因緣獲無上果。」

爾時世尊即為演說陀羅尼

此陀羅尼的緣故。」

佛對舍利子說：「很好！很好！就是這樣！就是這樣！正如你所說。如果有菩薩得此陀羅尼者，應當知道這個人與佛無異。如果有人供養尊重、承事供給此菩薩者，應知這就是供養於佛。舍利子！如果有其他人聽聞此陀羅尼，受持讀誦生信解者，也應當如此恭敬供養，就像對佛一樣，以此因緣獲無上果。」

當時世尊便為舍利子演說陀羅尼：

曰：「怛姪他　刪陀喇儞　嗢多喇儞　蘇三鉢囉底瑟恥哆　蘇那麼　蘇鉢喇底瑟恥哆鼻逝也　跋羅　薩底也　鉢喇底慎若　蘇阿　嚧訶　慎若那末底　嗢波彈儞　阿伐那末底　阿毘師彈儞　阿鞞毘耶訶囉　輸婆　伐底　蘇尼室喇多（引）薄虎郡社（引）阿毘婆馱（引）莎訶」佛告舍利子：「此無染著陀羅尼句，若有菩薩能善安住、

「怛姪他　刪陀喇儞　嗢多喇儞　蘇三鉢囉底瑟恥哆　蘇那麼　蘇鉢喇底瑟恥哆鼻逝也　跋羅　薩底也　鉢喇底慎若　蘇阿　嚧訶　慎若那末底　嗢波彈儞　阿伐那末底　阿毘師彈儞　阿鞞毘耶訶囉　輸婆　伐底　蘇尼室喇多（引）薄虎郡社（引）阿毘婆馱（引）莎訶」

佛對舍利子說：「**此無染著陀羅尼句，如果有菩薩能善安住、能正受持的人，應當知道這樣的**

能正受持者，當知是人若於一劫、若百劫、若千劫、若百千劫，所發正願無有窮盡，身亦不被刀杖、毒藥、水火、猛獸之所損害。何以故？舍利子！此無染著陀羅尼，是過去諸佛母，未來諸佛母，現在諸佛母。舍利子！若復有人以十阿僧企耶三千大千世界滿中七寶，奉施諸佛，及以上妙衣服、飲食種種供養，經無數劫；若復有人於此陀羅尼，乃至一句能受持者，所生之福，倍多於彼。

人不論在一劫、百劫、千劫、百千劫，所發的正願無有窮盡，身體也不被刀杖、毒藥、水火、猛獸所損害。為什麼呢？舍利子！這樣**無染著陀羅尼，是過去諸佛母，未來諸佛母，現在諸佛母。**舍利子！假如有一個人以十阿僧企耶（數量極大，也作阿僧祇）滿三千大千世界七寶佈施諸佛，及以上妙衣服、飲食種種供養，經無數劫；假如又有一個人於此陀羅尼，就算只是受持一句，所生的福德，是加倍多於他們的。這是為什麼呢？舍利子！因為這無染著陀羅尼甚深法門，是諸佛母的緣故。」

何以故？舍利子！此無染著陀羅尼甚深法門，是諸佛母故。」

第07卷

如意寶珠品第十四

【功德利益】
於所住處無雷電怖，
亦無災難、禍患、冤死、巫術，
害人虎狼師子毒蛇、蚊蟲、昆蟲都不會造成禍害

【要義】

本品是由世尊、諸菩薩、天龍八部宣說陀羅尼內容。佛對阿難說如意寶珠陀羅尼，能遠離一切災難禍患，亦能遮止諸惡雷電。佛、觀世音、金剛秘密主、各說一咒；梵天王、帝釋、各說一咒；四天王共說一咒；龍王說一咒。

爾時，世尊於大眾中，告阿難陀曰：「汝等當知，有陀羅尼名如意寶珠，遠離一切災厄，亦能遮止諸惡雷電，過去如來、應、正等覺所共宣說。我於今時於此經中，亦為汝等大眾宣說，能於人天為大利益，哀愍世間，擁護一切，令得安樂。」時諸大眾及阿難陀聞佛語已，各各至誠瞻仰世尊，聽受神呪。

佛言：「汝等諦聽，於此東方有光明電王，名阿揭多；

那時，世尊於大眾中，對阿難說：「你們應當知道，有陀羅尼（總持、咒語、真言、密語）名為如意寶珠，遠離一切災厄，還能攔阻諸惡雷電，過去如來、應供、正等覺所共宣說。我現在於此經中，為你們大眾宣說，能於人天為大利益，哀憫世間，推崇愛護一切眾生，皆令眾生得無上涅槃的樂果。」所有的大眾及阿難陀聽佛說完，各各至誠瞻仰世尊，聽受神咒。

佛言：「你們仔細聽，於此東方有光明電王，名阿揭多；南方有光明電王，名設羝嚕；西方有

南方有光明電王，名設羝嚕；西方有光明電王，名主多光；北方有光明電王，名蘇多末尼。若有善男子、善女人得聞如是電王名字，及知方處者，此人即便遠離一切怖畏之事，及諸災橫悉皆消殄。若於住處書此四方電王名者，於所住處無雷電怖，亦無災厄及諸障惱，非時抂死，悉皆遠離。」

爾時世尊即說呪曰：

「怛姪他　儞弭　儞弭　儞弭　尼民達哩　窒哩盧迦

光明電王，名主多光；北方有光明電王，名蘇多末尼。若有善男子、善女人得聽聞這個電王名字，所觸及到的地方，此人就能遠離一切怖畏之事，及種種災患橫禍皆能滅絕。如果有人於住處書寫四方電王名，於所住處無雷電怖，亦無災難、禍患及一切障惱，非時抂死（冤死、屈死），都能遠離。」

這時世尊即說此咒：

「怛姪他　儞弭　儞弭　儞弭　尼民達哩　窒哩盧迦　盧羯儞　窒哩輸攞波儞　曷咯叉　曷咯

盧羯儞　窒哩輸攞波儞　曷咯叉　曷咯叉」

「我某甲及此住處，一切恐怖所有苦惱雷電霹靂，乃至扗死，悉皆遠離，莎訶。」

爾時觀自在菩薩摩訶薩在大眾中，即從座起，偏袒右肩，合掌恭敬，白佛言：「世尊！我今亦於佛前，略說如意寶珠神呪，於諸人天為大利益，哀愍世間，擁護一切，令得安樂，有大威力，所求如意。」即說呪曰：

「我某甲及此住處，一切恐怖所有苦惱雷電霹靂，甚至是扗死（冤死、屈死），全部都會遠離，莎訶。」

那時觀自在菩薩摩訶薩在大眾中，從座位站起來，偏袒右肩，合掌恭敬，對佛稟告說：「世尊！我現在在佛前，概略地說如意寶珠神咒，在諸人天中是最大利益，哀憫世間，推崇愛護一切眾生，皆令眾生得無上涅槃的樂果，有大威力，萬般所求無不如意。」即說此咒：

「怛姪他　喝帝　毘喝帝　儞喝帝　鉢喇窒體雞　鉢喇底（丁履反）蜜窒囇　戍提　目羝毘末麗　鉢喇婆莎（蘇活反）囇　安荼（入聲）囇般荼囇稅（平聲）帝　般荼囉婆死儞　喝囇羯荼（引）囇　劫畢麗　氷揭羅惡綺　達地目企　曷咯叉　曷咯叉」

「我某甲及此住處，一切恐怖所有苦惱，乃至枉死，悉皆遠離，願我莫見罪惡之事，常蒙聖觀自在菩薩大悲威光之

「怛姪他　喝帝　毘喝帝　儞喝帝　鉢喇窒體雞　鉢喇底（丁履反）蜜窒囇　戍提　目羝毘末麗　鉢喇婆莎（蘇活反）囇　安荼（入聲）囇般荼囇稅（平聲）帝　般荼囉婆死儞　喝囇羯荼（引）囇　劫畢麗　氷揭羅惡綺　達地目企　曷咯叉　曷咯叉」

「我某甲及此住處，一切恐怖所有苦惱，甚至是枉死（冤死、屈死），都能遠離，願我莫見罪惡之事，常蒙聖觀自在菩薩大悲威光之所護念，莎訶。」

所護念，莎訶。」

爾時，執金剛祕密主菩薩，即從座起，合掌恭敬，白佛言：「世尊！我今亦說陀羅尼呪，名曰無勝，於諸人天為大利益，哀愍世間，擁護一切，有大威力，所求如願。」即說呪曰：

「怛姪他　母儞母儞　母尼囇　末底末底　蘇末底　莫訶末底　呵呵呵　磨婆　以那悉底帝（引）　波跛　跛折攞波儞　惡甜（火含反）　姪喋茶（上）莎訶」

那時，執金剛祕密主菩薩，從座位站起來，合掌恭敬，白佛言：「世尊！我今亦說陀羅尼咒，名叫無勝，在諸人天中為大利益，哀憫世間，擁護一切，有大威力，一切所求無不如願。」接著說此咒：

「怛姪他　母儞母儞　母尼囇　末底末底　蘇末底　莫訶末底　呵呵呵　磨婆　以那悉底帝（引）　波跛　跛折攞波儞　惡甜（火含反）　姪喋茶（上）莎訶」

「世尊！我此神呪名曰無勝擁護，若有男女一心受持，書寫讀誦，憶念不忘，我於晝夜，常護是人，於一切恐怖乃至抂死，悉皆遠離。」

爾時，多聞天王、持國天王、增長天王、廣目天王俱從座起，合掌恭敬，白佛言：「世尊！我今亦有神呪，名施一切眾生無畏，於諸苦惱常為擁護，令得安樂，增益壽命，無諸患苦，乃至抂死，悉皆遠離。」

即說呪曰：

「世尊！我此神咒名叫無勝擁護，若有男女一心受持，書寫讀誦，憶念不忘，我就會於晝夜長久護持此人，於一切恐怖甚至是冤死、屈死，全部都能遠離。」

那時，多聞天王、持國天王、增長天王、廣目天王皆從座位站起來，合掌恭敬，稟告佛說：「世尊！我現在也有神咒，叫做施一切眾生無畏，於諸苦惱常為擁護，令得安樂，增益壽命，無種種患苦，甚至是冤死，全部都能遠離。」這時說此咒：

「怛姪他補　閉　蘇補
閉　度麼鉢唎呵囉　阿囃耶鉢
喇設悉帝　扇帝涅　目帝忙揭
例窣覩帝　悉哆鼻帝　莎訶」

爾時，復有諸大龍王，所謂末那斯龍王、電光龍王、無熱池龍王、電舌龍王、妙光龍王，俱從座起，合掌恭敬，白佛言：「世尊！我亦有如意寶珠陀羅尼，能遮惡電，除諸恐怖，能於人天為大利益，哀愍世間，擁護一切，有大威力，所求如願，乃至枉死，悉皆遠

「怛姪他補　閉　蘇補　閉　度麼鉢唎呵囉
阿囃耶鉢喇設悉帝　扇帝涅　目帝忙揭例窣覩帝
悉哆鼻帝　莎訶」

那時，又有諸大龍王，所謂末那斯龍王、電光龍王、無熱池龍王、電舌龍王、妙光龍王，皆從座位站起來，合掌恭敬，稟告佛說：「世尊！我亦有如意寶珠陀羅尼，能遮止惡電，斷除各種恐怖，能於人天為大利益，哀憫世間，擁護一切，有大威力，所求如願，甚至是冤死，都能遠離，一切毒藥皆令止息，一切造作害人之蠱毒巫術不吉祥事皆能除滅。我今以此神咒奉獻世尊，但願世尊能哀憫慈悲納受，讓我們將離此龍趣（龍心，指具多貪無厭

離，一切毒藥皆令止息，一切造作蠱道呪術不吉祥事悉令除滅。我今以此神呪奉獻世尊，惟願哀愍慈悲納受，當令我等離此龍趣永捨慳貪。何以故？由此慳貪於生死中受諸苦惱，我等願斷慳貪種子。」即說呪曰：

「怛姪他　阿折囇　阿末囇　阿蜜㗚諦　惡叉𭦟　阿弊𭦟　奔尼鉢唎耶栗諦　薩婆波跛　鉢喇苫摩尼𭦟　莎訶　阿離𭦟般豆　蘇波尼𭦟莎訶」

之心）永捨吝嗇貪得。為什麼呢？因為這個吝嗇貪得在生死海中受種種苦惱，我們願斷吝嗇貪得的種子。」接下來說以下咒：

「怛姪他　阿折囇　阿末囇　阿蜜㗚諦　惡叉𭦟　阿弊𭦟　奔尼鉢唎耶栗諦　薩婆波跛　鉢喇苫摩尼𭦟　莎訶　阿離𭦟般豆　蘇波尼𭦟莎訶」

「世尊！若有善男子、善女人，口中說此陀羅尼明呪，或書經卷，受持讀誦、恭敬供養者，終無雷電霹靂，及諸恐怖苦惱憂患，乃至抂死，悉皆遠離；所有毒藥蠱魅厭禱，害人虎狼師子毒蛇之類，乃至蚊虻悉不為害。」

「世尊！若有善男子、善女人，口中說這陀羅尼明咒，無論是書寫經卷，還是受持讀誦、恭敬供養的人，終無雷電霹靂，及諸恐怖苦惱憂患，甚至是冤死，都能遠離；所有毒藥蠱魅及祈禱鬼神的巫術，害人虎狼師子毒蛇之類，甚至是蚊蟲、昆蟲都不會造成禍害。」

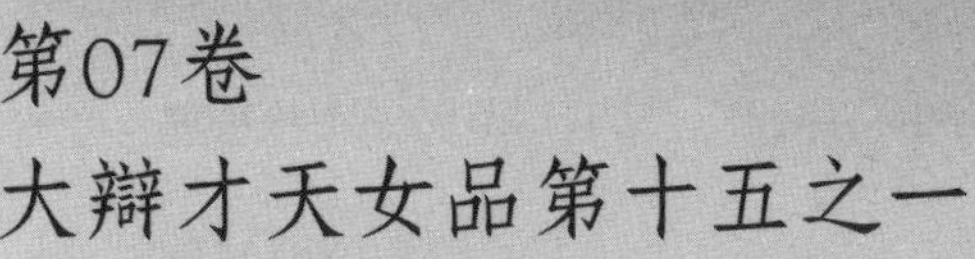

第07卷

大辯才天女品第十五之一

【功德利益】

災變、疫病、鬥諍、惡夢鬼神、邪咒巫術

全部都能滅除，解脫貧窮，俱足財寶

【要義】

大辯才天女也作大辯天神，專以智慧辯才流通佛法。此品敘述大辯天神向佛陀宣說護法誓言，令宣說本經的說法者獲得總持妙慧辯才，廣為流布此經，使得聽聞此經的人都獲得大智慧、大辯才、大福德等果報。並說明種種咒藥浴之法。

印度的「辯才天」，梵文是「水源充沛」的意思，所以被視為印度的「聖河信仰」。於傳承之中，大辯才天女有一法，為水生福德，即是借助水的修持，與大辯才天女真實性體相應，令大辯才天女之廣大福德為己所用，保佑得辯才，開智慧，搭配上特殊的咒藥洗浴法，能息災延年、具足財寶。

爾時大辯才天女於大眾中，即從座起，頂禮佛足，白佛言：「世尊！若有法師，說是《金光明最勝王經》者，我當益其智慧，具足莊嚴言說之辯；若彼法師於此經中文字句義所有忘失，皆令憶持，能善開悟，復與陀羅尼總持無礙。又此《金光明最勝王經》，為彼有情已於百千佛所種諸善根常受持者，於贍部洲廣行流布，不速隱沒。復令無量有情聞是經典，皆得不可思議捷利辯才

那時候，大辯才天女於大眾中，從座位站起來，頂禮佛足，稟告佛說：「世尊！如果有法師宣說《金光明最勝王經》，我將增益他的智慧，令他具足莊嚴言說辯才；如果這位法師於此經中文字句義所有忘失，令他記憶受持而不忘失，能善開悟，並使他得到陀羅尼總持無礙智慧。此外，這部《金光明最勝王經》，那些有情眾生已於百千佛所種諸善根常受持，在世界上廣行流布，不速消失。並且令無量有情眾生聽聞這部經典，皆得不可思議捷利辯才無盡大慧，善解眾論及種種伎術，能了生死、出輪迴，迅速趨入無上正等菩提，於現世中增益壽命，資身之具皆能圓滿。世尊！我將會為那些受持此經的法師及有情眾生們，愛好聽聞此經典的人，

無盡大慧，善解眾論及諸伎術，能出生死，速趣無上正等菩提，於現世中增益壽命，資身之具悉令圓滿。世尊！我當為彼持經法師及餘有情，於此經典樂聽聞者，說其呪藥洗浴之法。彼人所有惡星災變與初生時星屬相違，疫病之苦、鬪諍戰陣、惡夢鬼神、蠱毒厭魅、呪術起屍，如是諸惡為障難者，悉令除滅。諸有智者應作如是洗浴之法，當取香藥三十二味，所謂：

說咒藥洗浴之法。那些人所有災變的惡星，與初生時星屬相違，疫病之苦、鬥諍戰陣、惡夢鬼神、邪咒加持的毒藥巫術、咒術起屍（古代印度的咒殺之術，令死屍去殺人），受這種種惡為煩惱苦難的，全部都能滅除。有智慧的人應作下列這種洗浴之法，當取香藥三十二味，所謂：

「菖蒲（跋者）、牛黃（瞿盧折娜）、苜蓿香（塞畢力迦）、麝香（莫訶婆伽）、雄黃（末捺眵羅）、合昏樹（尸利灑）、白及（因達囉喝悉哆）、芎藭（闍莫迦）、狗杞根（苫弭）、松脂（室利薜瑟得迦）、桂皮（咄者）、香附子（目窣哆）、沈香（惡揭嚕）、栴檀（栴檀娜）、零凌香（多揭羅）、丁子（索瞿者）、欝金（茶矩麼）、婆律膏（揭羅娑）、葦香（捺剌柁）、竹

「菖蒲（跋者）、牛黃（瞿盧折娜）、苜蓿香（塞畢力迦）、麝香（莫訶婆伽）、雄黃（末捺眵羅）、合昏樹（尸利灑）、白及（因達囉喝悉哆）、芎藭（闍莫迦）、狗杞根（苫弭）、松脂（室利薜瑟得迦）、桂皮（咄者）、香附子（目窣哆）、沈香（惡揭嚕）、栴檀（栴檀娜）、零凌香（多揭羅）、丁子（索瞿者）、欝金（茶矩麼）、婆律膏（揭羅娑）、葦香（捺剌柁）、竹黃（鵠路戰娜）、細豆蔻（蘇泣迷羅）、甘松（苫弭哆）、藿香（鉢怛羅）、茅根香（嘔尸羅）、叱脂（薩洛計）、艾納（世黎也）、安息香（窶具攞）、芥子（薩利殺跛）、馬芹（葉婆儞）、龍花鬚（那伽雞薩羅）、白膠（薩折羅婆）、青木（矩瑟侘）。皆等分在布灑星出現

黃（鶻路戰娜）、細豆蔻（蘇泣迷羅）、甘松（苦弭哆）、藿香（鉢怛羅）、茅根香（嗢尸羅）、叱脂（薩洛計）、艾納（世黎也）、安息香（窶具攞）、芥子（薩利殺跛）、馬芹（葉婆儞）、龍花鬚（那伽雞薩羅）、白膠（薩折羅婆）、青木（矩瑟侘）。皆等分以布灑星日，一處擣篩，取其香末，當以此呪呪一百八遍。呪曰：

「怛姪他　蘇訖栗帝　訖栗帝訖栗帝劫摩怛里　繕怒羯

天際的日子，一處搗碎過篩之後，取其香末，當以此咒誦一百零八遍。咒語如下：

「怛姪他　蘇訖栗帝　訖栗帝訖栗帝劫摩怛里

繕怒羯囉滞　郝羯喇滞　因達囉闍利膩　鑠羯囒滞

囉滯　郝羯喇滯　因達囉闍利
膩　鑠羯闌滯　鉢設姪囇　阿
伐底羯細　計娜矩覩矩覩
迦鼻囇　劫鼻囇劫鼻囇劫毘囉
末底（丁里反）　尸羅末底那
底度囉末底哩　波伐雉畔稚囇
室囇室囇薩底悉體羝莎訶

結界呪曰：

怛姪他　頞喇計　娜也泥
（去）　呬囇弭囇祇囇　企企
囇莎訶

呪水呪湯呪曰：

怛姪他（一）　索揭智

鉢設姪囇　阿伐底羯細　計娜矩覩矩覩　迦鼻囇
劫鼻囇劫鼻囇劫毘囉末底（丁里反）　尸羅末底那
底度囉末底哩　波伐雉畔稚囇　室囇室囇薩底悉體
羝莎訶

隨處劃定一定之界區說咒：

怛姪他　頞喇計　娜也泥（去）　呬囇弭囇祇
囇　企企囇莎訶

對水行咒、對湯行咒、念誦此咒：

怛姪他（一）　索揭智（貞勵反，下同）（二）

（貞勵反，下同）（二）毘揭智（三） 毘揭荼伐底（四）莎訶（五）」

復說頌曰：

「若有病苦諸眾生，種種方藥治不差；若依如是洗浴法，并復讀誦斯經典。常於日夜念不散，專想慇懃生信心；所有患苦盡消除，解脫貧窮足財寶。四方星辰及日月，威神擁護得延年；吉祥安隱福德增，災變厄難皆除遣。」

次誦護身呪三七遍。呪

毘揭智（三） 毘揭荼伐底（四） 莎訶（五）」

又說以下偈頌：

「如果有種種病苦眾生，種種醫方和藥物久治不癒；如果依這樣的洗浴法（在民間，當家中有事請人來說法事或是厄運纏身，都會先沐浴齋戒，是自己虔誠的表明，認真地求福去禍），並且又反覆讀誦此經典。常於日夜憶念不散，專注思惟且情意懇切生信心；**所有災禍困苦全部消除，解脫貧窮，俱足財寶**。四方星辰及日月，威神擁護得延年；吉祥安穩福德增，災變及厄難皆能除遣。」

接著念誦護身咒三七（共三個七，合計

曰：

「怛姪他　三謎　毘三謎
莎訶　索揭滯毘揭滯　莎訶
毘揭荼（亭耶反）伐底　莎訶
娑揭囉　三步多也莎訶　塞建
陀　摩多也莎訶　尼攞建佗也
莎訶　阿鉢囉市哆　毘喋耶也
莎訶　呬摩槃哆　三步多也
莎訶　阿儞蜜攞　薄怛囉也
莎訶　南謨薄伽伐都　跋囉甜
摩寫莎訶　南謨薩囉酸（蘇活）
底　莫訶提鼻裔莎訶　悉甸覩
漫（此云成就我某甲）曼怛囉

二十一）遍，咒如下：

「怛姪他　三謎　毘三謎　莎訶　索揭滯毘揭滯　莎訶　毘揭荼（亭耶反）伐底　莎訶娑揭囉三步多也莎訶　塞建陀　摩多也莎訶　尼攞建佗也　莎訶　阿鉢囉市哆　毘喋耶也　莎訶　呬摩槃哆　三步多也　莎訶　阿儞蜜攞　薄怛囉也　莎訶南謨薄伽伐都　跋囉甜摩寫莎訶　南謨薩囉酸（蘇活）底　莫訶提鼻裔莎訶　悉甸覩漫（此云成就我某甲）曼怛囉鉢拖莎訶　怛喇覩仳姪哆　跋囉甜摩奴末覩　莎訶」

鉢拖莎訶　怛喇覩仳姪哆　跋囉甜摩奴末覩　莎訶」

爾時，辯才天女即便受請，為說呪曰：

「怛姪他慕囇只囇　阿伐帝（貞勵）阿伐吒伐底（丁里，下同）馨遇嚇名具嚇　名具羅伐底　鴦具師　末唎只三末底毘三末底惡近（入）　唎莫近唎怛囉只　怛囉者伐　底質質哩室里蜜里　末難地　曇（去）末唎只　八囉拏畢唎裔　盧迦逝瑟跇（丑世反）　盧迦失囇瑟

這時，辯才天女即便受請，說了以下咒：

「怛姪他慕囇只囇　阿伐帝（貞勵）阿伐吒伐底（丁里，下同）馨遇嚇名具嚇　名具羅伐底　鴦具師　末唎只三末底　毘三末底惡近（入）　唎莫近唎怛囉只　怛囉者伐　底質質哩室里蜜里　末難地　曇（去）末唎只　八囉拏畢唎裔　盧迦逝瑟跇（丑世反）　盧迦失囇瑟　盧迦畢唎裔　悉馱跋唎帝　毘麼目企（輕利反）輸只折唎　阿鉢唎底喝帝　阿鉢喇底喝哆勃地　南母只　南母只　莫訶提鼻鉢喇底近（入）唎昬（火恨）拏（上）南摩塞迦

盧迦畢唎裔　悉馱跋唎帝　毘麼目企（輕利反）輸只折唎　阿鉢唎底喝帝　阿鉢喇底喝哆勃地　南母只　南母只　莫訶提鼻鉢喇底近（入）唎昬（火恨）拏（上）南摩塞迦囉　我某甲勃地　達哩奢四　勃地　阿鉢喇底喝哆　婆（上）跋覩　帀婆謎毘輸姪覩　舍悉怛囉輸路迦曼怛囉畢得迦　迦婢耶地數怛姪他　莫訶鉢喇婆鼻　四里蜜里四里蜜里　毘折喇覩謎勃地　我某甲勃地輸提　薄伽伐

囉　我某甲勃地　達哩奢四　勃地　阿鉢喇底喝哆婆（上）跋覩　帀婆謎毘輸姪覩　舍悉怛囉輸路迦曼怛囉畢得迦　迦婢耶地數　怛姪他　莫訶鉢喇婆鼻　四里蜜里四里蜜里　毘折喇覩謎勃地　我某甲勃地輸提　薄伽伐點　提毘焰　薩羅酸（蘇活）點（丁焰反）羯囉（魯家）滯雞由囇雞由囉末底　四里蜜里四里蜜里　阿婆訶耶弭　莫訶提鼻勃陀薩帝娜　達摩薩帝娜　僧伽薩帝娜因達囉薩帝娜　跋嘍拏薩帝娜　裔盧雞薩底婆地娜　羝釤（引）薩帝娜　薩底伐者泥娜阿婆訶耶弭　莫訶提鼻　四哩蜜哩四哩蜜哩　毘折喇覩　我某甲勃地　南謨薄伽伐底（丁利反）莫訶提鼻　薩囉酸底　悉甸覩　曼怛囉鉢陀彌　莎訶」

點　提毘焰　薩羅酸（蘇活）點（丁焰反）羯囉（魯家）滯雞由囇雞由囉末底　呬里蜜里呬里蜜里　阿婆訶耶弭　莫訶提鼻勃陀薩帝娜　達摩薩帝娜僧伽薩帝娜因達囉薩帝娜　跋嘍拏薩帝娜　喬盧雞薩底婆地娜　羝釤（引）薩帝娜　薩底伐者泥娜阿婆訶耶弭　莫訶提鼻呬哩蜜哩呬哩蜜哩　毘折喇覩我某甲勃地　南謨薄伽伐底（丁利反）莫訶提鼻　薩囉酸底　悉甸覩　曼怛囉鉢陀彌　莎訶」

第08卷

大吉祥天女品第十六

【功德利益】
飲食、衣服、臥具、醫藥及一切所須資具圓滿無缺
受人天種種勝樂，常得豐盛富足
永除災荒，眾生恒受安樂

【要義】

大吉祥天女，又名功德天神，她是除了財神以外，專門賜予財富、吉祥的重要天神之一。大吉祥天女有著極美的容貌，象徵財富，美麗和繁榮，能賜予現世的財富與心靈的富足，端坐在盛開的蓮花之上，有著四隻美麗的手臂，上面兩隻手持著蓮花，代表清淨與解脫，其下一隻手持金罐，另一隻手作佈施狀，並從手心中落下無數的金銀珠寶，代表施與眾生無量財富。

本品是大吉祥天女起身對佛說，天女於過去曾於琉璃金山寶花光照吉祥功德海如來佛土種下善根，依琉璃金山寶花光照吉祥功德海如來威神力而成就天福，更令大吉祥天女所念、所視、所至之處所有眾生受諸快樂、資財無乏，更說明供養讀誦聽聞此經、供養琉璃金山寶花光照吉祥功德海如來、供養稱念大吉祥天女者，將得這些福報。

【於強運財神法上的應用】

①能受持讀誦、修習供養大吉祥天女及其名號者，令其衣食寶滿，獲大富貴豐饒財寶。能除貧窮一切不祥。並有咒法令其所有願求皆得圓滿。

②若能晝夜三時，虔誠供養大吉祥天女菩薩，速獲一切財寶豐饒吉祥安樂。

③大吉祥天女是佛教護法神，可以使眾生免受侵害，就是有人或非人想害你也不容易。

④所求皆得，並能早成正果。

⑤特別適合女性朋友來修持，除了能得到豐饒的財富之外，更可以昇華出高貴的氣質。更可獲得正緣婚姻庇佑。

爾時，大吉祥天女即從座起，前禮佛足，合掌恭敬，白佛言：「世尊！我若見有苾芻、苾芻尼、鄔波索迦、鄔波斯迦，受持讀誦，為人解說是《金光明最勝王經》者，我當專心恭敬供養此等法師，所謂飲食、衣服、臥具、醫藥，及餘一切所須資具，皆令圓滿無有乏少。若晝若夜於此經王所有句義，觀察思量，安樂而住，令此經典於贍部洲廣行流布，為彼有情已於無量百千佛所種善根

那時，大吉祥天女從座位站起來，前禮佛足，合掌恭敬，白佛言：「世尊！我如果看見有比丘、比丘尼、居士、女居士，受持讀誦，為人解說此《金光明最勝王經》的人，我應當專心恭敬供養此等法師，所謂飲食、衣服、臥具、醫藥，以及其餘一切所須資具，都能讓他們圓滿無缺。白天或夜晚於此經王所有句義，觀察思量，安樂而住，讓此經典在人類所居住的世界廣行流布，為這些眾生已於無量百千佛所種善根者，讓他們能夠聽聞得知，使不斷絕。又於無量百千億劫，當受人天種種勝樂，常得豐盛富足，永除災荒，一切眾生恒受安樂，並能值遇諸佛世尊，於未來世速證無上大菩提果，永絕三惡道輪迴苦難。世尊！我念過去有琉璃金山寶花光

者，常使得聞，不速隱沒。復於無量百千億劫，當受人天種種勝樂，常得豐稔，永除飢饉，一切有情恒受安樂，亦得值遇諸佛世尊，於未來世速證無上大菩提果，永絕三塗輪迴苦難。世尊！我念過去有琉璃金山寶花光照吉祥功德海如來、應、正等覺，十號具足，我於彼所種諸善根，由彼如來慈悲愍念威神力故，令我今日隨所念處、隨所視方、隨所至國，能令無量百千萬億眾生受諸快樂，乃

照吉祥功德海如來、應、正等覺，十號具足，我在那時所種諸善根，因為有如來慈悲憐憫威神力，讓我在今日隨所念之處、隨所視的地方、隨所至的國度，能令無量百千萬億眾生受諸快樂，乃至所須衣服飲食等資助生存的物資，金銀、琉璃、硨磲、瑪瑙、珊瑚、虎珀、真珠等寶都能充足；如果還有人至誠讀誦此《金光明最勝王經》，應當日日燒眾名香及各種妙花，為我供養琉璃金山寶花光照吉祥功德海如來、應供、正等覺，在每日三時中稱念我的名號後，另外以香花及諸美食供養於我，且常聽受此妙經王，將得這些福報。」

至所須衣服飲食資生之具，金銀、琉璃、車璩、瑪瑙、珊瑚、虎珀、真珠等寶悉令充足；若復有人至心讀誦是《金光明最勝王經》，亦當日日燒眾名香及諸妙花，為我供養彼琉璃金山寶花光照吉祥功德海如來、應、正等覺，復當每日於三時中稱念我名，別以香花及諸美食供養於我，亦常聽受此妙經王，得如是福。」

第08卷

大吉祥天女增長財物品第十七

【功德利益】
金銀財寶、牛羊穀麥、飲食衣服
皆得隨心受種種快樂

【要義】

這一段內容是接續上段大吉祥天女起身對佛說，誦咒請召天女時要如何進行、如何懺悔、受戒、供養、迴向。如果將第十六品視為是大吉祥天女護持本經的因緣和本誓，接下來這一品就是大吉祥天女開示該如何修行才能增長現世財物。

於時吉祥天女，知是事已，便生愍念，令其宅中財穀增長。即當誦呪請召於我，先稱佛名及菩薩名字，一心敬禮：

「南謨一切十方三世諸佛　南謨寶髻佛　南謨無垢光明寶幢佛　南謨金幢光佛　南謨百金光藏佛　南謨金蓋寶積佛　南謨金花光幢佛　南謨大燈光佛　南謨大寶幢佛　南謨東方不動佛　南謨南方寶幢佛　南謨西方無量壽佛　南謨北方天鼓音王佛　南謨妙幢菩薩　南

此時吉祥天女，知道此事後，便生憐憫，令其宅中錢糧增長。念誦咒語請召於我，先稱佛名及菩薩名字後，誠至專心敬禮：

「南謨一切十方三世諸佛　南謨寶髻佛　南謨無垢光明寶幢佛　南謨金幢光佛　南謨百金光藏佛　南謨金蓋寶積佛　南謨金花光幢佛　南謨大燈光佛　南謨大寶幢佛　南謨東方不動佛　南謨南方寶幢佛　南謨西方無量壽佛　南謨北方天鼓音王佛　南謨妙幢菩薩　南謨金光菩薩　南謨金藏菩薩　南謨常啼菩薩　南謨法上菩薩　南謨善安菩薩」

謨金光菩薩　南謨金藏菩薩
南謨常啼菩薩　南謨法上菩薩
南謨善安菩薩」
「敬禮如是佛菩薩已，次
當誦呪請召我大吉祥天女。由
此呪力，所求之事皆得成就。」
即說呪曰：
「南謨室唎莫訶天女　怛
姪他　鉢唎脯嘽拏折囇　三曼
頞　達喇設泥（去聲，下皆同
爾）莫訶毘訶囉揭諦　三曼哆
毘曇末泥　莫訶迦哩也　鉢喇
底瑟侘鉢泥　薩婆頞　他娑彈

「敬禮這些佛菩薩後，接著應當念誦咒語請召
我大吉祥天女。由此咒力，所求之事皆得成就。」
咒語如下：
「南謨室唎莫訶天女　怛姪他　鉢唎脯嘽拏折
囇　三曼頞　達喇設泥（去聲，下皆同爾）莫訶毘
訶囉揭諦　三曼哆毘曇末泥　莫訶迦哩也　鉢喇底
瑟侘鉢泥　薩婆頞　他娑彈泥　蘇鉢喇底晡囇　痾
耶娜達摩多莫訶毘俱比諦　莫訶迷咄嚕　鄔波僧呬
羝　莫訶頡唎使　蘇僧近（入聲）哩呬羝　三曼多

泥　蘇鉢喇底晡囇　痆耶娜達摩多莫訶毘俱比諦　莫訶迷咄嚕　鄔波僧呬羝　莫訶頡唎使蘇僧近（入聲）哩呬羝　三曼多頞他　阿奴波喇泥　莎訶」

「世尊！若人誦持如是神呪請召我時，我聞請已，即至其所，令願得遂。世尊！是灌頂法句，定成就句，真實之句，無虛誑句，是平等行，於諸眾生是正善根。若有受持讀誦呪者，應七日七夜受八支戒，於晨朝時先嚼齒木淨澡漱已，及

頞他　阿奴波喇泥　莎訶」

「世尊！若人誦持這些神咒請召我時，我聽到此請召，便會到他的所在之處，令其所願皆能滿足。世尊！此灌頂（透過某種儀式來授權、給予權力）法句，定成就句，真實之句，無虛假欺騙句，是平等行，於諸眾生是正善根。若有受持讀誦咒者，應七日七夜受八支戒（一、不殺生；二、不盜；三、不淫；四、不妄語；五、不飲酒。六、不得塗脂抹粉插花，及嚴麗貴重的首飾；歌舞是不能看不

於晡後香花供養一切諸佛，自陳其罪。當為己身及諸含識迴向發願，令所悕求速得成就。淨治一室，或在空閑阿蘭若處，瞿摩為壇，燒栴檀香，而為供養。置一勝座，幡蓋莊嚴，以諸名花布列壇內，應當至心誦持前呪，悕望我至。我於爾時即便護念觀察是人，來入其室，就座而坐，受其供養。從是以後，當令彼人於睡夢中得見於我，隨所求事以實告知。若聚落空澤及僧住處，隨所求者，

能聽的，自己也不可作。七、不得坐臥高廣嚴麗的床座。八、過午不食），於晨朝時先嚼齒木淨澡漱完畢，及於午後香花供養一切諸佛，自己陳述其罪。當為己身及一切有情識者迴向發願，令所希望得到的速得成就。淨化清理一室，或在空閑阿蘭若處，瞿摩（即牛糞。印度自吠陀時代起，即視牛為神聖之動物，亦以牛糞及牛尿為清淨之物，於祭壇塗之使為清淨，其風習入於密教）為壇，燒栴檀香，而為供養。置一勝座，幡蓋莊嚴，以諸名花布列壇內，應當以至誠心誦持前咒，悕求期望我至。我在那時便護念觀察此人，來入其室，就座而坐，受其供養。從此以後，這個人將會在睡夢中見到我，隨他所求之事詳實告知。**若聚落空地沼澤及僧住處**，

皆令圓滿，金銀財寶、牛羊穀麥、飲食衣服，皆得隨心受諸快樂。既得如是勝妙果報，當以上分供養三寶，及施於我，廣修法會，設諸飲食，布列香花。既供養已，所有供養貨之取直，復為供養。我當終身常住於此，擁護是人，令無闕乏，隨所悕求，悉皆稱意。亦當時時給濟貧乏，不應慳惜，獨為己身。常讀是經，供養不絕，當以此福普施一切，迴向菩提，願出生死，速得解脫。」

隨所求者，皆令圓滿，金銀財寶、牛羊穀麥、飲食衣服，皆得隨心受種種快樂。得到這些勝妙果報，如果將所獲得最殊勝的功德供養三寶及施於我，廣修法會，擺設各種飲食，布列香花。所有的東西供養完之後，再繼續供養。我將終身常住於此，擁護此人，令無匱乏，隨所希望得到的，都能稱心如意。也應當時時給濟貧乏之人，不應吝嗇只為己身。**經常讀這部經，供養不斷絕，將以此福普施一切，迴向菩提，了生死、出輪迴，速得解脫。」**

第08卷

堅牢地神品第十八

【功德利益】
資財珍寶、神通、長年妙藥，
療眾病，降伏怨敵，制種種異論

【要義】

本品內容是堅牢地神起身向佛說，當於今世、未來供養恭敬擁護流通《金光明經》，更會如何護佑此世土地豐壤、有情豐足、無惱安樂，更令眾生因而對《金光明最勝王經》深具信心。堅牢地神，即地天，象徵主管大地和一切植物生長，是最早的護法神之一。

堅牢地神說：「說法比丘，坐法座時，我常晝夜，衛護不離，隱蔽其形，在法座下，頂戴其足」，我們真正發心，以真誠心說法，坐在座位上，堅牢地神就在你座下，地神恭恭敬敬在頂戴。堅牢地神亦發願護持受持讀誦者，令其住處安穩，土地肥沃，並有咒法能利人天，安樂一切。

【持咒功德】

1. 堅牢地神對這部經的守護，同時加持到念經者增益光輝遠離各種病痛苦惱，身體健朗，光輝氣力，心慧勇健，無不堪能。
2. 得資財珍寶、神通、長年妙藥，療眾病，降伏怨敵，制種種異論。

爾時，堅牢地神即於眾中，從座而起，合掌恭敬而白佛言：「世尊！是《金光明最勝王經》，若現在世，若未來世，若在城邑聚落、王宮樓觀，及阿蘭若、山澤空林，有此經王流布之處，世尊！我當往詣其所，供養恭敬擁護流通。若有方處為說法師敷置高座演說經者，我以神力不現本身，在於座所，頂戴其足；我得聞法，深心歡喜，得飡法味，增益威光，慶悅無量。自身既得如是

這時堅牢地神於大眾中，從座位上站起來，合掌恭敬禮拜後稟告佛說：「世尊！這部《金光明最勝王經》，不論是現在世，未來世，還是在城邑村落、王宮殿堂處，或是在山林空閒阿蘭若處，如果有這部經典流布之處，世尊！我將會前往受持者的住所，供養恭敬、擁護流通。如果有說法者安坐獅子高座廣為宣說這部經，我會以神力隱蔽身形，在他的座位下，地神恭恭敬敬在頂戴；我得聽聞法，深心歡喜，嘗到無上法味，增益威光，歡慶喜悅無量。得到這些利益，亦令大地深十六萬八千踰繕那（又譯由旬，指公牛掛軛走一天的旅程，作為長度單位），至金剛輪際，使得地味皆能增益，以至四海所有土地，也使土地豐饒肥沃超過尋常多倍。同

利益，亦令大地深十六萬八千踰繕那，至金剛輪際，令其地味悉皆增益，乃至四海所有土地，亦使肥濃田疇沃壤倍勝常日。亦復令此贍部洲中江河池沼，所有諸樹藥草叢林，種種花果根莖枝葉及諸苗稼，形相可愛，眾所樂觀，色香具足，皆堪受用。若諸有情受用如是勝飲食已，長命色力，諸根安隱，增益光輝，無諸痛惱，心慧勇健，無不堪能。又此大地凡有所須，百千事業悉皆周備。

樣地，令此贍部洲（我們這個地球）中江河池沼，所有的樹、藥草、叢林，還有植物的根莖枝葉、莊稼，這種種的植物全部都長得很好，形相可愛，眾所樂觀，色香具足，皆能夠受用。如果一切有情眾生吃了這些加持過的食物，身體和生命，容貌和體力，諸根都安穩，增益光輝，遠離各種病痛苦惱，身體健朗，還會增長智慧，無不擅長精通。又此大地凡有所須，百千事業全都周備。世尊！由於這個因緣，這個世界就會安穩豐樂，人民興盛，無各種衰敗苦惱，所有眾生皆受安樂。既受如是身心快樂，對這部經王深加愛敬，所在之處皆願受持供養，恭敬尊重讚歎。並且會在說法大師坐在法座之處，我會前往守護，為諸眾生勸請說此最勝經王。

世尊！以是因緣，諸贍部洲安隱豐樂，人民熾盛，無諸衰惱，所有眾生皆受安樂。既受如是身心快樂，於此經王深加愛敬，所在之處皆願受持供養，恭敬尊重讚歎。又復於彼說法大師法座之處，悉皆往彼，為諸眾生勸請說是最勝經王。何以故？世尊！由說此經，我之自身并諸眷屬咸蒙利益，光輝氣力，勇猛威勢，顏容端正，倍勝於常。」

作是語已，爾時，堅牢地

為什麼呢？世尊！因為說這部經典，我及眷屬皆蒙受利益，光輝氣力，勇猛威勢，顏容端正，超過尋常多倍。」

說完這些話後，這時堅牢地神對佛說：「世

神白佛言：「世尊！以是因緣，若有四眾，昇於法座，說是法時，我當晝夜擁護是人，自隱其身在於座所，頂戴其足。世尊！如是經典為彼眾生已於百千佛所種善根者，於贍部洲流布不滅。是諸眾生聽斯經者，於未來世無量百千俱胝那庾多劫，天上人中常受勝樂，得遇諸佛，速成阿耨多羅三藐三菩提，不歷三塗生死之苦。」

爾時，堅牢地神白佛言：「世尊！我有心呪，能利人天，

尊！因為這個因緣，**如果有四眾安坐獅子高座宣說這部經時，我就會日日夜夜護衛此人，隱蔽身形在他的座位下，恭恭敬敬頂戴其足**。世尊！這些經典為這些眾生已於百千佛所種善根者，在我們這個世界流布不滅。這些眾生聽聞這部經後，於未來世無量百千那由他劫（意為多到沒有數目可以計算）中，常在天上人間享受快樂，值遇諸佛，速成無上正等正覺，滅除三惡道生死之苦。」

這時，堅牢地神稟告佛說：「世尊！我有心咒，能利人天，安樂一切，若有男子女人及諸四眾

安樂一切，若有男子女人及諸四眾，欲得親見我真身者，應當至心持此陀羅尼，隨其所願，皆悉遂心，所謂資財珍寶伏藏，及求神通，長年妙藥并療眾病，降伏怨敵，制諸異論。當於淨室安置道場，洗浴身已，著鮮潔衣，踞草座上，於有舍利尊像之前，或有舍利制底之所，燒香散花，飲食供養。於白月八日布灑星合，即可誦此請召之呪：

怛姪他只哩只哩　主嚕主

想要親見我的真身，應當至心持此陀羅尼，就能隨其所願，皆能遂心，不管是想要資財珍寶、埋藏之寶物，求神通、長年妙藥，還是療眾病，降伏怨敵，制種種異論。在乾淨的房裡安置道場，洗浴身體後，穿著潔淨的衣服，蹲草座上，在有舍利尊像前，或在有舍利堂塔的地方，燒香散花，飲食供養。於白月（印度的曆法，當時用的是太陰曆，印度算月份的方法通常一個月是從月圓到月缺，一次的循環，叫做一個月。將一個月又分為兩半，月缺的半個月，叫做黑月。月圓的半個月，叫做白月）八日布灑星合，即可念誦此請召之咒：

怛姪他只哩只哩　主嚕主嚕　句嚕句嚕　拘柱

嚕句嚕句嚕　拘柱拘柱　覩柱覩柱　縛訶（上）　縛訶　伐捨伐捨　莎訶」

「世尊！此之神呪，若有四眾，誦一百八遍請召於我，我為是人即來赴請。又復，世尊！若有眾生欲得見我現身共語者，亦應如前安置法式，誦此神呪：

怛姪他　頞折泥（去）頡力剎泥室尼達哩訶訶呬呬區嚕　伐囇　莎訶」

「世尊！若人持此呪時，

拘柱　覩柱覩柱　縛訶（上）　縛訶　伐捨伐捨　莎訶」

「世尊！這神咒，若有四眾，誦一百八遍請召於我，我為這人即來赴請。另外，世尊！如果有眾生想要見到我現身的人且與之交談，亦應如前安置法式，誦此神咒：

怛姪他　頞折泥（去）頡力剎泥室尼達哩訶訶呬呬區嚕　伐囇　莎訶」

「世尊！若人持此咒時，應誦一百八遍，並誦應誦一百八遍，并誦前呪，我必現身，隨其所願，悉得成就，終不虛然。若欲誦此呪時，先誦護身呪曰：

怛姪他儞室里末捨羯㩉　捺㩉矩㩉　勃地（上）　勃地囇　婢㩉婢㩉　矩句㩉　佉婆（上）只里　莎訶

「世尊！誦此呪時，取五色線，誦呪二十一遍，作二十一結，繫在左臂肘後，即便護身，無有所懼。若有至心誦此呪者，所求必遂，我不妄

前咒，我必現身，隨其所願，全都能夠實現，並不是虛構的。若欲誦此咒時，先以下誦護身咒：

怛姪他儞室里末捨羯㩉　捺㩉矩㩉　勃地（上）　勃地囇　婢㩉婢㩉　矩句㩉　佉婆（上）只里　莎訶」

「世尊！**念誦此咒時，取五色線，誦咒二十一遍，作二十一結，繫在左臂肘後，即便護身，無有所懼**。若有人誠心念誦此咒，所求必遂，我不妄語，我以佛法僧寶而為要契證知是實。」

語，我以佛法僧寶而為要契證知是實。」

第08卷

僧慎爾耶藥叉大將品第十九

【功德利益】

求財富寶藏，或欲神仙乘空而去，
或求天眼通，或知他心事，皆隨意自在

【要義】

「僧慎爾耶」是梵音譯名，意譯為「正了知」，又為「散脂大將」。塑像多為金剛武將忿怒相，實為大菩薩之化身。一些寺廟將他與密跡金剛塑在一起，密跡白面善相，散脂金面怒相，他們都是佛門中的大護法，護持佛法，利益眾生。

本品內容為僧慎爾耶藥叉大將向佛稟告，為什麼名為「正了知」。正了知大將為欲饒益憐憫諸眾生起身說陀羅尼，並說明如何持咒修法護摩等事，修法神驗之時會見到正了知大將現身問答，更說明此陀羅尼有大威力能夠饒益眾生。

「諸天護世」的部份到本品告一段落，接下來的部份是「正法護國」的部份，故第二十品開始則為〈王法正論品〉。

【持咒功德】

1. 成長智慧，成長精氣，增益身體。
2. 求財富寶藏，或欲神仙乘空而去，或求天眼通，或知他心事，皆隨意自在。

爾時，僧慎爾耶藥叉大將，并與二十八部藥叉諸神，於大眾中皆從座起，偏袒右肩，右膝著地，合掌向佛白言：「世尊！此《金光明》最勝經王，若現在世及未來世，所在宣揚流布之處，若於城邑聚落、山澤空林，或王宮殿或僧住處，世尊！我僧慎爾耶藥叉大將，并與二十八部藥叉諸神俱詣其所，各自隱形，隨處擁護彼說法師，令離衰惱，常受安樂。及聽法者，若男若女，童男童

這時，僧慎爾耶藥叉大將，及二十八部藥叉諸神，於大眾中皆從座位上站起來，偏袒右肩，右膝著地，合掌向佛稟告說：「世尊！此《金光明》最勝經王，若是現在世及未來世，所在宣揚流布之處，不管在城市聚落、山澤空閒阿蘭若處，或王宮殿或僧住處，世尊！我僧慎爾耶藥叉大將，將與二十八部藥叉諸神來到這個地方，各自隱蔽身形，跟隨護衛這個說法師，使他遠離衰惱，常受安樂。及聽法者，若男若女，童男童女，若能受持讀誦此經中一段四句頌，或甚至只是其中一句，或只是稱此經首題名號，或稱念經中一如來、一菩薩名號，發心稱念，恭敬供養者，我將會救護攝受，令無災患橫禍，離苦得樂。

女，於此經中乃至受持一四句頌，或持一句，或此經王首題名號，及此經中一如來名，一菩薩名，發心稱念，恭敬供養者，我當救護攝受，令無災橫，離苦得樂。

世尊！何故我名正了知？此之因緣，是佛親證，我知諸法，我曉一切法，隨所有一切法，如所有一切法，諸法種類體性差別，世尊！如是諸法，我能了知。我有難思智光，我有難思智炬，我有難思智行，

世尊！為什麼我名叫正了知？其中的因緣，是佛親證知，我了知一切法，隨所有一切法，如所有一切法，能通達一切法種類體性的差別，世尊！這些一切法，我能了知。我有不可思議智光，我有不可思議智炬，我有不可思議智行，我有不可思議智聚，我對於不可思議智境能夠通達。世尊！如我於一切法，正知正曉正覺，能正觀察。世尊！由於這

我有難思智聚，我於難思智境而能通達。世尊！如我於一切法，正知正曉正覺，能正觀察。世尊！以是因緣，我藥叉大將名正了知。以是義故，我能令彼說法之師，言詞辯了，具足莊嚴，亦令精氣從毛孔入，身力充足，威神勇健，難思智光皆得成就，得正憶念，無有退屈，增益彼身，令無衰減，諸根安樂，常生歡喜。以是因緣，為彼有情，已於百千佛所植諸善根修福業者，於贍部洲廣宣

個因緣，我藥叉大將名叫正了知。基於這個道理，我能使《金光明經》的說法者，辯才無盡，具足莊嚴，讓精氣能從毛孔進入，身心精力充足，威神勇健，不可思議智光皆得成就，得正憶念，無有退卻，增益其身，令無衰退減損，諸根安樂，常生歡喜。因為這個因緣，這些有情眾生，已在百千佛種植種種善根修福業，在這整個世間廣宣流布，不斷絕消失。一切眾生聽聞這部經後，得不可思議大智光明，及以無量福智之聚，於未來世無量百千那由他劫（意為多到沒有數目可以計算）中，享受不可思量人天勝樂，常能值遇諸佛，速疾證得無上正等正覺，閻羅之界三惡道極苦，永遠滅除無餘。」

流布，不速隱沒。彼諸有情聞是經已，得不可思議大智光明，及以無量福智之聚，於未來世，當受無量俱胝那庾多劫不可思量人天勝樂，常與諸佛共相值遇，速證無上正等菩提，閻羅之界三塗極苦，不復經過。」

爾時，正了知藥叉大將白佛言：「世尊！我有陀羅尼，今對佛前親自陳說，為欲饒益憐愍諸有情故。」即說呪曰：

「南謨佛陀（引）也　南謨達摩（引）也　南謨僧伽（引）

這時，正了知藥叉大將稟告佛說：「世尊！我有陀羅尼，現在面對佛親自陳說，為了饒益憐憫諸有情眾生。」接著說以下咒：

「南謨佛陀（引）也　南謨達摩（引）也　南謨僧伽（引）也　南謨跋囉蚶（火含反）摩也　南

也 南謨跋囉蚶（火含反）摩
也 南謨因達囉也 南謨折咄
喃 莫喝囉闍喃 怛姪他 呬
哩呬哩 弭哩弭哩 瞿哩 莫
訶瞿哩 健陀哩 莫訶健陀哩
達羅弭雉 莫訶達羅弭雉 單
茶曲勸（駈問反）第（去）訶
訶訶訶訶 呬呬呬呬呬 呼呼
呼呼呼 漢魯曇謎瞿曇謎 者
者者者 只只只只主主主主栴
茶攝（之涉反） 鉢攞 尸揭囉
（上）尸揭囉 嗢底瑟咤呬 薄
伽梵 僧慎爾耶 莎訶」

謨因達囉也 南謨折咄喃 莫喝囉闍喃 怛姪他
呬哩呬哩 弭哩弭哩 瞿哩 莫訶瞿哩 健陀哩
莫訶健陀哩 達羅弭雉 莫訶達羅弭雉 單茶曲勸
（駈問反）第（去）訶訶訶訶訶 呬呬呬呬呬 呼
呼呼呼呼 漢魯曇謎瞿曇謎 者者者者 只只只只
主主主主栴茶攝（之涉反） 鉢攞 尸揭囉（上）
尸揭囉 嗢底瑟咤呬 薄伽梵 僧慎爾耶 莎訶」

「若復有人於此明呪能受持者，我當給與資生樂具、飲食衣服、花果珍異，或求男女、童男童女、金銀珍寶諸瓔珞具，我皆供給，隨所願求，令無闕乏。此之明呪有大威力，若誦呪時，我當速至其所，令無障礙，隨意成就。若持此呪時，應知其法，先畫一鋪僧慎爾耶藥叉形像，高四五尺，手執鉾鑹，於此像前作四方壇，安四滿瓶蜜水，或沙糖水，塗香粖香燒香及諸花鬘。又於壇前作

「如果有人受持此明咒，我將會給予物質的資生樂具（生存的福樂）、飲食衣服、花果珍異，或求男女、童男童女、金銀珍寶諸瓔珞具，我皆會供給，隨所願求，令無匱乏。此之明咒有大威力，若念誦咒時，我將很快地到此人所在之處至其所，令無障礙，隨意成就。若持此咒時，應知其法，先畫一鋪僧慎爾耶藥叉形像，高四五尺，手執鉾鑹（一種鑿冰用的工具，通常用鐵製成），於此像前作四方壇，安四滿瓶蜜水，或沙糖水，塗香粖香燒香及諸花鬘。又於壇前作地火爐，中安炭火，以蘇摩（一種蔓草，可以釀酒）芥子燒於爐中，口誦前咒一百八遍，一遍一燒。一直到我藥叉大將自來現身，問念咒的人：『你有甚麼想要的？所求的心

地火爐，中安炭火，以蘇摩芥子燒於爐中，口誦前呪一百八遍，一遍一燒。乃至我藥叉大將自來現身，問呪人曰：『爾何所須？意所求者？』即以事答，我即隨言於所求事皆令滿足。或須金銀及諸伏藏，或欲神仙乘空而去，或求天眼通，或知他心事，於一切有情隨意自在，令斷煩惱，速得解脫，皆得成就。」

願？』把事情詳細地告訴我，我將隨你所求事皆令滿足。不管是想要金銀寶藏，或者想求神仙乘空而去，或者求天眼通，還是想要知他心事，將讓一切有情眾生隨意自在，令斷煩惱，速得解脫，皆得成就。」

第08卷

王法正論品第二十

【功德利益】
正法治國、國土安寧、人民豐足無惱

【要義】

本品為王法正論的內容，開頭說明堅牢地神請佛說王法正論治國之要，世尊告訴堅牢地神說，過去有王名力尊幢，是告訴我們，這樣的正法是無始以來到現在一切世界一切眾生都需要。若行惡法，不修善事，疾疫惡病，集其國土，不久國敗；正法治世，諸天擁護，風雨隨時，無諸災禍，國土豐實，安樂熾盛。

爾時，此大地神女，名曰堅牢，於大眾中，從座而起，頂禮佛足，合掌恭敬白佛言：「世尊！於諸國中為人王者，若無正法，不能治國安養眾生，及以自身長居勝位；惟願世尊慈悲哀愍，當為我說王法正論治國之要，令諸人王得聞法已，如說修行，正化於世，能令勝位永保安寧，國內人民咸蒙利益。」

爾時，世尊於大眾中，告堅牢地神曰：「汝當諦聽！過

那時，此大地神女，名曰堅牢，於大眾中，從座而起，頂禮佛足，合掌恭敬白佛言：「世尊！於諸國中為人王者，若無正法，不能治國安養眾生，及以自身長居勝位；惟願世尊慈悲哀憫，當為我說王法正論治國之要，令諸人王得聞法已，如說修行，正化於世，能令勝位永保安寧，國內人民皆蒙利益。」

那時，世尊於大眾中，對堅牢地神說：「你應當仔細聆聽！過去有一個國王，名叫力尊幢，他有

去有王，名力尊幢，其王有子，名曰妙幢，受灌頂位未久之頃，爾時父王告妙幢言：『有王法正論，名天主教法，我於昔時受灌頂位而為國主，我之父王，名智力尊幢，為我說是王法正論。我依此論，於二萬歲善治國土，我不曾憶起一念心行於非法，汝於今日亦應如是，勿以非法而治於國。云何名為王法正論？汝今善聽，當為汝說。』

個兒子名叫妙幢，受灌頂王位不久，那時父王告妙幢言：『有王法正論，名叫天主教法，我在過去受灌頂位而為國主，我的父王，名叫智力尊幢，為我說這個王法正論。我依著這個治世正論，在二萬年中很好地治理國土，我未曾有一念心行於非法，你現在也應當如此，勿以非法而治於國。為什麼名為王法正論？你現在好好地聆聽，我當為你說明。』

爾時力尊幢王，即為其子
以妙伽他說正論曰：
「『我說王法論，利安諸
有情；為斷世間疑，滅除眾過
失。
一切諸天主，及以人中
王；當生歡喜心，合掌聽我說。
往昔諸天眾，集在金剛山；
四王從座起，請問於大梵：
「梵主最勝尊，天中大自
在；
願哀愍我等，為斷諸疑惑。
云何處人世，而得名為天？

那時力尊幢王為他的兒子以妙伽他說以下正
論：
「『我說王法論，為利諸有情眾生斷世間疑
惑，滅除種種的過失。
一切天主及以人中王，應當生歡喜心，合掌聽
我說。
往昔諸天眾集會在金剛山；
四王從座起，請問於大梵：
「梵主最勝尊，天中大自在；
希望能哀憫我們，為我們斷各種疑惑。
為什麼處於人世而得名為天？

復以何因緣，號名曰天子？
云何生人間，獨得為人主？
云何在天上，復得作天王？」
如是護世間，問彼梵王已。
爾時梵天主，即便為彼說：
「護世汝當知，為利有情故；
問我治國法，我說應善聽。
由先善業力，生天得作王；
若在於人中，統領為人主。
諸天共加護，然後入母胎；
既至母胎中，諸天復守護。

又是以何種因緣，號名為天子？
為什麼生人間，獨得為人主？
為什麼在天上，又得名為天王？」
護世間這樣請問梵王之後，
那時梵天主為他解答：
「護世，你應當知，為利益有情眾生；
問我治國法，我說應善聽。
由先善業力，生天得作王；
若出生在人中，統領為人主。
諸天共同加護，然後入母胎；
既至母胎中，諸天共守護。

雖生在人世，尊勝故名天；
由諸天護持，亦得名天子。
三十三天主，分力助人王；
及一切諸天，亦資自在力。
除滅諸非法，惡業令不生；
教有情修善，使得生天上。
人及蘇羅眾，并揵闥婆等；
羅剎栴茶羅，悉皆資半力。
父母資半力，令捨惡修善；
諸天共護持，示其諸善報。
若造諸惡業，令於現世中；
諸天不護持，示其諸惡報。
國人造惡業，王捨不禁制；

雖生在人世中，由於尊勝因此名為天；
由諸天護持，亦得名天子。
三十三天主，分力助人王；
及一切諸天，亦資自在力。
除滅種種的非法，令惡業不生；
教有情眾生修善法，使得他們生於天上。
人及蘇羅眾，并揵闥婆等；
羅剎栴茶羅，悉皆資半力。
父母資半力，令捨惡修善；
諸天共護持，示其諸善報。
若造諸惡業，令於現世中；
諸天不護持，示其諸惡報。
國人造惡業，王捨不禁制；

斯非順正理，治擯當如法。
若見惡不遮，非法便滋長；
遂令王國內，姦詐日增多。
王見國中人，造惡不遮止；
三十三天眾，咸生忿怒心。
因此損國政，諂偽行世間；
被他怨敵侵，破壞其國土。
居家及資具，積財皆散失；
若王作非法，親近於惡人；
令三種世間，因斯受衰損。
如是無邊過，出在於國中；
皆由見惡人，棄捨不治擯。

斯非順正理，整治驅逐當如法。
若見惡不遮止，非法便滋長；
遂令王國內，姦詐日增多。
王見國中人，造惡不遮止；
三十三天眾，咸生忿怒心。
因此損國政，諂偽行世間；
被他怨敵侵，破壞其國土。
居家及資具，積財皆散失；
若國王作非法，親近於惡人；
令三種世間，因此而受衰損。
如此無邊過，出在於國中；
皆由見惡人，棄捨不治擯（擯斥惡比丘而治罰之）。

由諸天加護，得作於國王；
而不以正法，守護於國界。
若人修善行，當得生天上；
若造惡業者，死必墮三塗。
若王見國人，縱其造過失；
三十三天眾，皆生熱惱心。
不順諸天教，及以父母言；
此是非法人，非王非孝子。
若於自國中，見行非法者；
如法當治罰，不應生捨棄。
是故諸天眾，皆護持此王；
以滅諸惡法，能修善根故。
王於此世中，必招於現報；

由諸天加護，得作於國王；
而不以正法，守護於國界。
若人修善行，將可以因此生於天上；
若造惡業者，死必墮入三惡道。
若王見國人，縱容他們造過失；
三十三天眾，皆生生氣煩惱之心。
不順諸天教，及以父母言；
此是非法人，非王非孝子。
若於自國中，見行非法者；
如法當治罰，不應生捨棄。
因此諸天眾，皆護持此王；
以滅諸惡法，這是因為能修善根的緣故。
國王將於此世中，必招於現報；

由於善惡業，行捨勸衆生。
為示善惡報，故得作人王；
諸天共護持，一切咸隨喜。
由自利利他，治國以正法；
見有諂佞者，應當如法治。
假使失王位，及以害命緣；
終不行惡法，見惡而捨棄。
害中極重者，無過失國位；
皆因諂佞人，為此當治罰。
若有諂誑人，當失於國位；
由斯損王政，如象入花園。
天主皆瞋恨，阿蘇羅亦然；
以彼為人王，不以法治國。

由於國王對於善惡業，縱容捨棄勸誡衆生。
為示善惡報，才生作為人王；
諸天共護持，一切皆隨喜。
由自利利他，治國以正法；
見有奉承討好的人，應當如法治理。
假使失王位，及以害命這些因緣；
終不行惡法，見惡而捨棄。
害中極重者，無過失國位；
皆因奉承討好的人，對此人應當治罰。
若有奉承欺誑的人，當失於國位；
因為如此而損王政，就好像大象踏入了花園。
天主皆瞋恨，阿修羅也是如此；
以此人為人王，不以法治國。

是故應如法，治罰於惡人；
以善化眾生，不順於非法。
寧捨於身命，不隨非法友；
於親及非親，平等觀一切。
若為正法王，國內無偏黨；
法王有名稱，普聞三界中。
三十三天眾，歡喜作是言：
『贍部洲法王，彼即是我子。
以善化眾生，正法治於國；
勸行於正法，當令生我宮。』

因此應如法，治罰於惡人；
以善化眾生，不順於非法。
寧捨於身命，不隨非法友；
不管是有親戚關係還是非親戚關係，皆平等觀一切。
若為正法王，國內無偏黨；
法王盛名稱揚，普遍傳聞三界之中。
三十三天眾，歡喜作是言：
『此世間的法王，就是我的孩子。
以善化眾生，正法治於國；
勸行於正法，當令生我宮。』

天及諸天子，及以蘇羅眾；
因王正法化，常得心歡喜。
天眾皆歡喜，共護於人王；
眾星依位行，日月無乖度。
和風常應節，甘雨順時行；
苗實皆善成，人無飢饉者。
一切諸天眾，充滿於自宮；
是故汝人王，亡身弘正法。
應尊重法寶，由斯眾安樂；
常當親正法，功德自莊嚴。
眷屬常歡喜，能遠離諸惡；
以法化眾生，恒令得安隱。
令彼一切人，修行於十善；

天及諸天子，及以阿修羅眾；
因王正法化，常得心歡喜。
一切天眾皆歡喜，共同愛護於人王；
眾星依位行，日月不失於常度。
風常應時節，甘雨順時行；
苗實皆善成，人無飢饉者。
一切諸天眾，充滿於自己的宮內；
因此人王應捨身弘正法。
應尊重法寶，由斯眾安樂；
常當親正法，以功德莊嚴自身。
眷屬常歡喜，能遠離諸惡；
以法化眾生，持久令得安隱。
令一切人修行於十善；

率土常豐樂，國土得安寧。

王以法化人，善調於惡行；

常得好名稱，安樂諸眾

生。」』」

爾時，大地一切人王及諸大眾，聞佛說此古昔人王治國要法，得未曾有，皆大歡喜，信受奉行。

讓國土常豐樂，國土得安寧。

王以法化人，善調於惡行；

常得好名稱，安樂所有眾生。」』」

這時，大地一切人王及諸大眾，聽聞佛說此過去人王治國要法，讚歎前所未有，人人皆非常歡喜，信受奉行。

第09卷

善生王品第二十一

【功德利益】
國土世間普雨七寶皆具全
匱乏資財者皆得隨心受安樂
衣服飲食皆無缺乏

【要義】

本品為善生王迎回寶積法師後，設上妙座請法師說《金光明經》，諸天亦來聞法，人天一同供養說法的寶積法師。釋迦牟尼佛的前生受比丘引路見法師，法師寺中端坐，身上有光明，念金光明經的人身上會出現微妙光和微妙顏色。於廣博清淨處，奇珍異寶而嚴飾，這是為了顯示法的莊嚴、對傳法師父的敬意和尊重，顯示法的尊貴，亦代表自己福報的圓滿。

爾時，世尊為諸大眾說王法正論已，復告大眾：「汝等應聽！我今為汝說其往昔奉法因緣。」即於是時，說伽他曰：

「我昔曾為轉輪王，捨此大地并大海；四洲珍寶皆充滿，持以供養諸如來。我於往昔無量劫，為求清淨真法身；所愛之物皆悉捨，乃至身命心無悋。又於過去難思劫，有正遍知名寶髻；於彼如來涅槃後，有王出世名善生。

為轉輪王化四洲，盡大海

這時世尊為諸大眾說完了王法正論，又對大眾說：「你們應當聆聽！我現在要為你們說往昔的奉法因緣。」因此作偈頌說：

「我在過去世為轉輪王，捨棄了大地及大海，四大洲充滿了珍寶，我把這些都供養給諸佛。我在無量劫中為了證悟清淨真實法身，所有東西包括一切金銀珠寶、國王位全部都捨棄了，甚至於身命心無悋惜。而且在往昔無量劫前，有位佛名叫寶髻；在這位佛涅槃後，有國王出世名叫善生。

善生轉輪王教化四大洲，海內外皆來歸順；

際咸歸伏；有城名曰妙音聲，時彼輪王於此住。夜夢聞說佛福智，見有法師名寶積；處座端嚴如日輪，演說金光微妙典。爾時彼王從夢覺，生大歡喜充遍身；至天曉已出王宮，往詣苾芻僧伽處。恭敬供養聖眾已，即便問彼諸大眾；頗有法師名寶積，功德成就化眾生。爾時寶積大法師，在一室中而住止；正念誦斯微妙典，端然不動身心樂。時有苾芻引導王，至彼寶積所居處；見在室中端

當時有一座叫妙音聲的城市，轉輪王住在這個地方。轉輪王他晚上夢見了，這位法師在演說金光明經，前往了出家人所居住的地方，見到有一位寶積法師；寶積法師在寺中端坐，正在宣說金光明最勝王經。這時這位國王從夢中醒來，心生大歡喜充遍身；在天亮時出王宮前往比丘僧眾處。恭敬供養聖眾之後，問諸位大眾，是否有一位法師名叫寶積，功德成就化眾生。那時寶積大法師，在一室中而住止；正念誦此微妙經典，安然坐著不動身心樂。有比丘引導國王到寶積所居之處；見他在室中端身坐，光明妙相遍其身。比丘告訴國王這位就是寶積，能持甚深佛所行；所謂微妙《金光明經》是諸經中王最第一。

身坐，光明妙相遍其身。白王此即是寶積，能持甚深佛行處；所謂微妙《金光明》，諸經中王最第一。

爾時寶積大法師，即昇高座加趺坐；念彼十方諸剎土，百千萬億大慈尊。遍及一切苦眾生，皆起平等慈悲念；為彼請主善生故，演說微妙《金光明》。王既得聞如是法，合掌一心唱隨喜；聞法希有淚交流，身心大喜皆充遍。于時國主善生王，為欲供養此經故；

這時，寶積法師接著就開始講金光明最勝王經，宣講時坐在高的位置上，盤腿而坐。開始念十方諸剎土，百千萬的佛和菩薩，還有苦難的眾生，從而生出平等慈悲心來，為那請法的善生王來演說微妙的《金光明經》。王聽完法，合掌一心唱隨喜；聞法稀有非常感動，身心都充滿大歡喜。所以這個時候國主善生王就用摩尼寶來供養這個法這部經，發願皆為諸眾生。今可於這個國土世間，普雨七寶瓔珞嚴身之具皆具全；所有匱乏資財者，皆得隨心手持如意末尼寶，發願咸為諸眾生。今可於斯贍部洲，普雨七寶瓔珞具；所有匱乏資財者，皆得隨心受安樂。即便遍雨於七寶，悉皆充足四洲中；瓔珞嚴身隨所須，衣服飲食皆無乏。」

受安樂。即便遍雨於七寶，全都充足四洲中；瓔珞嚴身隨所須，衣服飲食皆無缺乏。」

第09卷

諸天藥叉護持品第二十二

【功德利益】
罪業、噩夢、諸惡災變、邪魔鬼怪等
一切不吉祥事全部清淨

【要義】

本品中，以世尊告訴吉祥天女來做開場白，以偈言再度開示與會大眾人天，應當至心讀誦受持《金光明最勝王經》，可說是再度提醒與會大眾本經的重要性。更開示能夠至心聽受此經，必是曾經供養諸佛所植善根，才能得聞，諸天聖眾更會前來擁護。

爾時，世尊告大吉祥天女曰：「若有淨信善男子、善女人，欲於過去、未來、現在諸佛，以不可思議廣大微妙供養之具而為奉獻，及欲解了三世諸佛甚深行處，是人應當決定至心，隨是經王所在之處，城邑聚落或山澤中，廣為眾生敷演流布；其聽法者應除亂想，攝耳用心。」於時世尊，即為彼天及諸大眾說伽他曰：

「若欲於諸佛，不思議供養；

那時，佛告訴大吉祥天女：「若有淨信善男子、善女人，想要在過去、未來、現在諸佛，以不可思議廣大微妙供養之具而為奉獻，及欲了解三世諸佛甚深行處，此人應當徹底下定決心，隨這部經典所在之處，城市聚落山林沼澤中，廣為眾生宣講、流通這部經；聽法者應當免除顛倒散亂之想，用耳朵認認真真地聽。」在此時，世尊，即為這些天神及諸大眾說以下偈頌：

「若想要不思議供養諸佛；

復了諸如來，甚深境界者。
若見演說此，最勝《金光明》；
應親詣彼方，至其所住處。
此經難思議，能生諸功德；
無邊大苦海，解脫諸有情。
我觀此經王，初中後皆善；甚深不可測，譬喻無能比。
假使恒河沙，大地塵海水；
虛空諸山石，無能喻少分。
欲入深法界，應先聽是經；

又了知一切如來是甚深境界者。
若是見到有人演說此最殊勝《金光明經》；
應當親自前往至其所在之處。
此經不思可議，能生種種的功德；
無邊大苦海中，令一切眾生解脫。
佛觀此《金光明經》非常圓滿所以叫初中後皆善，就是初中後都是非常圓滿。甚深不可測，不是能夠譬喻的。
就算是數量極多之恆河沙，無量無邊無有窮盡之大地塵、大海水，
虛空諸山石，都不能用來譬喻任何一部份。
如果想要入深法界，應當先聽此部經；

法性之制底，甚深善安住。
於斯制底內，見我牟尼尊；
悅意妙音聲，演說斯經典。
由此俱胝劫，數量難思議；
生在人天中，常受勝妙樂。
若聽是經者，應作如是心；
我得不思議，無邊功德蘊。
假使大火聚，滿百踰繕那；
為聽此經王，直過無辭苦。
既至彼住處，得聞如是
經；能滅於罪業，及除諸惡夢。
惡星諸變怪，蠱道邪魅

善於安住甚深的法性之佛塔。
於此金光明妙經內，而得見我牟尼尊；
聽到悅意妙音聲在演說這部經典。
由此不可思議劫，數量難以度量；
常生在人天中受殊勝妙樂。
聽這部經的人，應當這麼想；
我得不思議無量無邊功德蘊。
假使大火聚滿百踰繕那（又譯由旬。指公牛掛軛走一天的旅程，作為長度單位）；
為聽此經一直前進而不辭辛苦。
到那個地方聽聞這部經，能消滅罪業，也能消除各種惡夢。
不管是諸惡災變，還是蠱道、作祟害人的鬼怪等；得聞是經時，諸惡皆捨離。
如是諸天主，天女大辯才；
并彼吉祥天，及以四王眾；
無數藥叉眾，勇猛有神通；
各於其四方，常來相擁護。
日月天帝釋，風水火諸神；
吠率怒大肩，閻羅辯才等；
一切諸護世，勇猛具威神；
擁護持經者，晝夜常不離。
大力藥叉王，那羅延自在；
正了知為首，二十八藥叉；
餘藥叉百千，神通有大力；
恒於恐怖處，常來護此人。

等，聽聞這部經之後，一切災禍全都能捨離。
大辯才等等眾天女；
和吉祥天及以四王眾；無數藥叉眾，勇猛有神通；
常各自從四面八方來佑護。
日月天帝釋，風水火諸神；
吠率怒大肩，閻羅辯才等；
一切諸護世，勇猛具威神；
擁護持經者，晝夜常不離。
大力藥叉王，那羅延自在；
正了知為首，二十八藥叉；
其餘百千位藥叉大將，神通有大神力；
長久於令人害怕的地方，常來佑護這個人。

金剛藥叉王，并五百眷屬；
諸大菩薩眾，常來護此人。
寶王藥叉王，及以滿賢王；
曠野金毘羅，賓度羅黃色；
此等藥叉王，各五百眷屬；
見聽此經者，皆來共擁護。
日天子初出，見此洲歡喜；
常以大光明，周遍皆照曜。
於斯大地內，所有蓮花池；
日光照及時，無不盡開發。
於此贍部洲，田疇諸果藥；

金剛藥叉王以及其五百眷屬；
種種的大菩薩們皆會常來佑護這個人。
寶王藥叉王及以滿賢王；
曠野金毘羅（曠野神，十六藥叉神之一），
賓度羅黃色（釋迦牟尼佛的十六大阿羅漢弟子之一）；
這些藥叉王們各有五百眷屬；
見聽這部經皆前來共同佑護。
日光天子到來，見到這個世間非常歡喜；
常以大光明周遍照耀這個世間。
在這個大地內的所有蓮花池；
日光時時照耀之處無不盡開發。
在這個整個世界，田地種種的果藥全部豐收，悉皆令善熟，充滿於大地。
由此經威力，日月所照處；
星辰不失度，風雨皆順時。
遍此贍部洲，國土咸豐樂；
隨有此經處，殊勝倍餘方。
若此金光明，經典流布處；
有能講誦者，悉得如上福。」

充滿於大地。
由於這部經的威力，日月所照處；
星辰不會失法度，風雨皆順應時節。
遍此整個世界，國土都能豐盛喜樂；
只要有這部經的地方，殊勝好幾倍。
若是這部金光明經典流布的地方有能講誦之人，皆能得以上這些無量福德。」

第09卷

授記品第二十三

為何佛的授記思想，
在於證明人人都能成佛，
不論何人，如能修行佛道，
成佛只是早晚的差別而已呢？

【要義】

授記是佛對於已發心的眾生，預告其必將成佛者。在佛經中的授記是指佛陀為弟子們預告，親證菩提的時間。佛法的授記思想，在於證明人人都能成佛，只是依據各人的根性、修行的法門及心境而判定成佛的遲早。本品敘述佛陀為妙幢菩薩及其二子銀幢、銀光授記；又為十千天子授記，並述其因緣。

爾時，如來於大眾中廣說法已，欲為妙幢菩薩及其二子銀幢銀光，授阿耨多羅三藐三菩提記。時有十千天子，最勝光明而為上首，俱從三十三天來至佛所，頂禮佛足，却坐一面，聽佛說法。爾時，佛告妙幢菩薩言：「汝於來世過無量無數百千萬億那庾多劫已，於金光明世界，當成阿耨多羅三藐三菩提，號金寶山王如來、應、正遍知、明行足、善逝、世間解、無上士、調御丈夫、

那時，佛於大眾中廣說法後，將為妙幢菩薩及他的兩個兒子銀幢銀光，授阿耨多羅三藐三菩提記。當時有十千天子，最勝光明而為上首，俱從三十三天來至佛所，頂禮佛足，退坐到了一邊，聽佛說法。那時，佛對妙幢菩薩說：「你在未來世經過無量無數百千萬億不可稱計那由他劫之後，於金光明世界，當成阿耨多羅三藐三菩提，佛號為金寶山王如來、應、正遍知、明行足、善逝、世間解、無上士、調御丈夫、天人師、佛、世尊，出現於世；及至這位如來般涅槃後，所有教法都已滅盡。長子名曰銀幢，將在這個世界隨後成佛，這那個世界名稱轉為叫做淨幢，當得作佛，名曰金幢光如來、應、正遍知、明行足、善逝、世間解、無上士、調御丈

天人師、佛、世尊，出現於世；時此如來般涅槃後，所有教法亦皆滅盡。時彼長子名曰銀幢，即於此界次補佛處，世界爾時轉名淨幢，當得作佛，名曰金幢光如來、應、正遍知、明行足、善逝、世間解、無上士、調御丈夫、天人師、佛、世尊。時此如來般涅槃後，所有教法亦皆滅盡。次子銀光即補佛處，還於此界當得作佛，號曰金光明如來、應、正遍知、明行足、善逝、世間解、無上士、調御

夫、天人師、佛、世尊。及至這位如來般涅槃後，所有教法也都已滅盡。次子銀光隨後成佛，將在這個世界隨後成佛，號曰金光明如來、應、正遍知、明行足、善逝、世間解、無上士、調御丈夫、天人師、佛、世尊。」

丈夫、天人師、佛、世尊。」

是時十千天子聞三大士得授記已，復聞如是最勝王經，心生歡喜，清淨無垢，猶如虛空。爾時，如來知是十千天子善根成熟，即便與授大菩提記：「汝等天子於當來世，過無量無數百千萬億那庾多劫，於最勝因陀羅高幢世界，得成阿耨多羅三藐三菩提，同一種姓，又同一名，號曰面目清淨優鉢羅香山，十號具足，如是次第十千諸佛出現於世。」

當時十千天子聞三大士得授記後，又聽聞了這部最勝王經，心生歡喜，清淨無垢，就像虛空。那時，如來知道這十千天子善根成熟，就給他們授大菩提記：「你們十千天子於未來世，經過無量無數百千萬億那由他劫之後，在最殊勝帝釋天高幢世界，證得成無上正等正覺，同一種姓，又同一名號，名號為面目清淨優鉢羅香山，十號具足，這樣次第出現一萬位諸佛於世。」

佛告樹神：「善女天！如汝所說，皆從勝妙善根因緣，勤苦修已，方得授記。此諸天子，於妙天宮捨五欲樂，故來聽是《金光明經》，既聞法已，於是經中心生殷重，如淨琉璃無諸瑕穢，復得聞此三大菩薩授記之事，亦由過去久修正行誓願因緣，是故我今皆與授記，於未來世當成阿耨多羅三藐三菩提。」時彼樹神聞佛說已，歡喜信受。

佛對樹神說：「善女天！如你所說，這都是因為他們有勝妙善根因緣，勤勵苦修之後，才得授記。這些天子們在他們所住的妙天宮捨棄了五欲之樂，來聽這部《金光明經》，聽了經後，對這部經生起了懇切敬信之心，就像淨琉璃無種種瑕疵汙穢，又得聞此三大菩薩授記之事，也因為過去長期修行一心專注的誓願因緣，因此我現在都給予授記，於未來世將證得無上正等正覺。」於是樹神聽完佛說之後，歡喜信受。

第09卷

除病品第二十四

【功德利益】
除病苦，身體氣力充實，恢復健康

【要義】

本品敘說佛陀的本生流水長者子學習醫法的過程及療治眾生病苦的故事，以大醫王身份充份示現世尊的慈悲形象，旨在顯示法藥與世藥並施的大乘菩薩行思想。流水長者子的行為也可以說是佛教的倫理思想。

佛告菩提樹神善女天：「諦聽！諦聽！善思念之。是十千天子本願因緣，今為汝說。善女天！過去無量不可思議阿僧企耶劫，爾時有佛出現於世，名曰寶髻如來、應、正遍知、明行足、善逝、世間解、無上士、調御丈夫、天人師、佛、世尊。善女天！時彼世尊般涅槃後，正法滅已，於像法中，有王名曰天自在光，常以正法化於人民，猶如父母。是王國中，有一長者名曰持水，善解

佛對菩提樹神善女天說：「你現在仔細聆聽！專心聆聽！並且要好好地思考我說的。這十千天子本願因緣，我現在為你解說。善女天！過去無量不可思議阿僧企耶劫，那時有佛出現於世，名叫寶髻如來、應供、正遍知、明行足、善逝、世間解、無上士、調御丈夫、天人師、佛、世尊。善女天！那時世尊般涅槃後，正法滅後，於像法時代中，有一位國王名叫天自在光，常以正法化於人民，就像父母一樣。這個王國中，有一位長者名叫持水，善解醫明，精通八術，眾生病苦，四大不調，都能夠救療。善女天！那時持水長者，只有一個兒子，名叫流水，顏容端正，人人看了都喜歡，根性聰敏，善解經論，寫作、繪畫、算術等各種技藝，無不通

醫明，妙通八術，眾生病苦，四大不調，咸能救療。善女天！爾時持水長者，唯有一子，名曰流水，顏容端正，人所樂觀，受性聰敏，妙閑諸論，書畫算印，無不通達。時王國內有無量百千諸眾生類，皆遇疫疾，眾苦所逼，乃至無有歡樂之心。善女天！爾時長者子流水，見是無量百千眾生受諸病苦，起大悲心，作如是念：『無量眾生為諸極苦之所逼迫，我父長者，雖善醫方，妙通八術，能

達。這時在王國內有無量百千種種眾生，皆遭遇流行病，眾苦所逼，以至於沒有歡樂之心。善女天！那時長者子流水，看見這些無量百千眾生受種種病苦，生起大悲心，心中這樣想：『無量眾生為種種嚴重的苦所逼迫，我父長者，雖善醫方，妙通八術，能療眾病，四大增減，但是年紀很大，身體衰枯，瘦弱不支，要借助拐杖才能行走，不再能前往城市村落中救治人們的病苦。現在有無量百千眾生，皆遇重病，無人能救治他們，我現在應當至大醫父那裡諮問治病醫方及祕法，如果學會了，就會前往城市聚落那裡去救治眾生們的種種疾病，令他們長久得到安穩快樂。』

療眾病，四大增損，然已衰邁，老耄虛羸，要假扶策，方能進步，不復能往城邑聚落救諸病苦。今有無量百千眾生，皆遇重病，無能救者，我今當至大醫父所，諮問治病醫方祕法，若得解已，當往城邑聚落之所，救諸眾生種種疾病，令於長夜得受安樂。』

「善女天！爾時，長者子流水親問其父八術之要，四大增損，時節不同，餌藥方法，既善了知，自忖堪能救療眾病，

「善女天！那時，長者子流水親問他的父親八術之要，四大增損的醫法，時節不同，餌藥方法，既善了知，認為自己有辦法救治療癒眾人疾病，即便遍至城市聚落所在之處，隨有百千萬億病

即便遍至城邑聚落所在之處，隨有百千萬億病苦眾生，皆至其所，善言慰喻，作如是語：『我是醫人！我是醫人！善知方藥，今為汝等療治眾病，悉令除愈。』善女天！爾時眾人聞長者子善言慰喻，許為治病，時有無量百千眾生遇極重病，聞是語已，身心踊躍，得未曾有。以此因緣，所有病苦悉得蠲除，氣力充實，平復如本。善女天！爾時復有無量百千眾生，病苦深重難療治者，即共

苦眾生，都到他們所在之處，善用安慰的言語，說了以下的話：『我是醫師！我是醫師！善知醫方妙藥，我現在為你們療治各種病，令所有的疾病都治癒。』善女天！那時眾人聽說長者子親切的慰問，要為他們治病，那時有無量百千眾生眾生遭受嚴重的疾病，聽完這些話後，身心歡喜，這是前所未有的。因為這個因緣，所有病苦全部都好了，身體氣力充實，恢復到原本的健康。善女天！那時候也有無量百千眾生，病苦深重難療治的人，於是共同前往長者子所在之處，請他醫療。這時長者子，即以妙藥讓他們服用後，病都已消除。善女天！這位長者子於此國土內，治百千萬億眾生病苦，令他們所有的病苦都得到了解除。」

往詣長者子所，重請醫療。時長者子，即以妙藥令服皆蒙除差。善女天！是長者子於此國內，治百千萬億眾生病苦，悉得除差。」

第09卷

長者子流水品第二十五

流水長者子以水救濟一萬條魚，說深妙的法，
流水長者子就是世尊，這一萬條魚指的是誰呢？
若是有眾生臨命終時，
能夠聽聞寶髻如來名號的人，就會生到天上嗎？

【要義】

本品接續上一品，敘說佛陀的本生流水長者子慈悲救護池水中十千魚的故事，妙幢菩薩及其二子銀幢銀光、十千天子授記之本事因緣，說明流水長者，見十千魚困於少水中，解救之並為說法，那十千魚在命終之後，生到了三十三天。經文中提到的救護生命、施食與說法等的觀念，是擴展慈悲心最佳範本。

「善女天！時長者子妻名水肩藏，有其二子，一名水滿；二名水藏。是時流水將其二子，漸次遊行城邑聚落，過空澤中深險之處，見諸禽獸豺狼狐玃鵰鷲之屬食血肉者，皆悉奔飛一向而去。時長者子作如是念：『此諸禽獸何因緣故，一向飛走？我當隨後暫往觀之。』即便隨去，見有大池，名曰野生，其水將盡，於此池中多有眾魚。流水見已，生大悲心。時有樹神示現半身，作如是語：『善

「善女天！那時流水長者子的妻子名叫水肩藏，生了二個兒子，第一個叫做水滿，第二個叫做水藏。那時流水將他二個兒子，依次遊行城市村落，經過空地沼澤中深險之處，見種種豺、狼、狐狸、大母猴、鵰鷲（最大為禿鷲，最小為花鵰）這類食血肉的禽獸，皆奔飛朝一個方向而去。那時長者子這樣想：『這些禽獸朝一個方向飛走是甚麼原因呢？我應該要跟隨他們後頭去看一下。』於是就跟過去，看見有一個大池，叫做野生，池中的水已經接近乾涸，在這個池中多很多魚。流水長者子看見了，生起了大悲心。這時有樹神示現半身，對流水長者子說：『好啊！好啊！善男子！你真正稱得上流水這個名字，憐憫這些魚，應給他們找水來。

哉！善哉！善男子！汝有實義名流水者，可愍此魚，應與其水。有二因緣，名為流水：一能流水，二能與水。汝今應當隨名而作。』是時流水問樹神言：『此魚頭數為有幾何？』樹神答曰：『數滿十千。』

善女天！時長者子聞是數已，倍益悲心。時此大池為日所曝，餘水無幾，是十千魚將入死門，旋身婉轉，見是長者心有所悕，隨逐瞻視，目未曾捨。時長者子，見是事已，馳

有二個因緣名為流水：一是能流水，二是能給水。你現在應當隨你的名字做符合名字的事情。』這時流水問樹神說：『此魚頭數有多少條？』樹神回答說：『正好一萬條魚。』

善女天！那時長者子聽到這些數目後，心中更加生起悲心。這時這個大池為太陽所曝曬，剩下的水很少，這一萬條魚將入死門，身體轉動，翻來覆去，看見流水長者子心中生起了依賴，跟隨著流水長者子，目光未曾捨離。這時長者子看見了這個情況後，急忙向四方找水，卻無所得。接著望向一

趣四方，欲覓於水，竟不能得。復望一邊見有大樹，即便昇上折取枝葉為作蔭涼。復更推求，是池中水從何處來？尋覓不已，見一大河，名曰水生，時此河邊有諸漁人為取魚故，於河上流懸險之處，決棄其水，不令下過，於所決處，卒難修補。便作是念：『此崖深峻，設百千人，時經三月亦未能斷，況我一身而堪濟辦？』時長者子速還本城，至大王所，頭面禮足，却住一面，合掌恭敬作

處看見有一棵大樹，隨即爬上摘取枝葉為作蔭涼。又更尋求這池中的水從何處來？到處尋覓還是沒有找到，到了更遠處看見了一條大河，河名叫水生，這時河邊有一些漁人為了捕捉魚，在河上流懸險之處，朝一邊缺口處開河水，讓水不能流到大池中，而這個決口，危險難修補。心中便這麼想：『此崖深峻，就算有百千人，經過三個月也未必能成功，何況只有我一個人？』那時長者子急速回到本城國王那裡，恭敬行拜首之正儀，退到一邊，合掌恭敬對國王稟告：『我為大王國土人民，治療種種病，讓他們身心安穩，漸次遊走到空地沼澤中，見有一個大池，池名叫野生，裡面的水就快要乾涸，有一萬條魚被太陽所曝曬，就快要死了，希望大王慈悲

如是言：『我為大王國土人民，治種種病，悉令安隱，漸次遊行至其空澤，見有一池，名曰野生，其水欲涸，有十千魚為日所曝，將死不久，惟願大王慈悲愍念，與二十大象暫往負水，濟彼魚命，如我與諸病人壽命。』爾時大王即勅大臣，速疾與此醫王大象。時彼大臣，奉王勅已，白長者子：『善哉大士！仁今自可至象廄中，隨意選取二十大象，利益眾生，令得安樂。』是時流水及其二

憐憫，能賜給我二十頭大象，讓這些大象載水，救活那些魚的命，就像我給予病人壽命。』那時國王就命令大臣，迅速供大象給這位醫師。這時大臣根據國王的勅令，對流水長者子說：『很好，大士！你現在可以到象廄中，隨意選取二十頭大象，利益眾生，使他們得到安樂。』此時流水長者子和他的二個兒子，牽著二十頭大象，又到城裡的酒家借了皮囊，往決口處，用皮囊盛水，讓象揹著到大池，把水倒入池中，就這樣池水又滿滿的，恢復到原本的樣子。

子，將二十大象，又從酒家多借皮囊，往決水處，以囊盛水，象負至池，瀉置池中，水即彌滿，還復如故。

善女天！時長者子，於池四邊周旋而視，時彼眾魚亦復隨逐循岸而行。時長者子復作是念：『眾魚何故隨我而行？必為飢火之所惱逼，復欲從我求索於食，我今當與。』爾時長者子流水告其子言：『汝取一象最大力者，速至家中啟父長者，家中所有可食之物，乃

善女天！這時流水長者子，在池四邊周旋而觀看，這些魚又跟隨逐在岸游來游去。此時流水長者子心中又這麼想：『這些魚為和會跟隨我而行呢？一定是為飢火之所惱逼，想要從我這裡求索食物，我現在應當給牠們。』此時長者子流水對他的兒子說：『你牽一頭力氣最大的大象，儘速至家中稟告父長者，家中所有可以吃的食物，甚至是父母要吃的部分，以及妻子奴婢要吃的部分，全部都收取，隨即就拿過來。』這時二個兒子聽受父的指示，

至父母食噉之分，及以妻子奴婢之分，悉皆收取，即可持來。』爾時二子受父教已，乘最大象速往家中，至祖父所，說如上事。收取家中可食之物，置於象上，疾還父所，至彼池邊。是時流水見其子來，身心喜躍，遂取餅食遍散池中，魚得食已，悉皆飽足。便作是念：『我今施食令魚得命，願於來世當施法食充濟無邊。』復更思惟：『我先曾於空閑林處，見一苾芻讀大乘經，說十二緣

騎著最力氣最大的大象速回到家中，到祖父面前說了以上這些事。收取了家中可以吃的食物，放置在大象的背上，很快地回到父親所在的池邊。這時流水看到兒子載來了食物，身心歡喜踴躍，接著就將食物遍散在池中，魚吃了食物都得以飽足。於是便這麼想：『我現在施食能讓魚得以維持生命，但願在未來世能夠施法食充濟無邊。』又這麼想：『我過去曾於空閑樹林阿蘭若處，看見一位比丘讀大乘經，說十二因緣生甚深法要。經中說：「若是有眾生臨命終時，能夠聽聞寶髻如來名號的人，就會生到天上。」我現在應當給這一萬條魚演說甚深十二緣起，也應當稱說寶髻佛的名號。**當時贍部洲（地球）有二種人，一種人是深信大乘，另一種人是不**

生甚深法要。又經中說：「若有眾生臨命終時，得聞寶髻如來名者，即生天上。」我今當為是十千魚演說甚深十二緣起，亦當稱說寶髻佛名。然贍部洲有二種人，一者、深信大乘，二者、不信毀呰，亦當為彼增長信心。』時長者子作如是念：『我入池中，可為眾魚說深妙法。』作是念已，即便入水唱言：『南謨過去寶髻如來、應、正遍知、明行足、善逝、世間解、無上士、調御丈

信而誹謗，我也應當為他們增長信心。』這時流水長者子心中這麼想：『我進入水池中，可以為這些魚說深妙的法。』這麼說完，就進入水中宣說：『南無過去寶髻如來、應供、正遍知、明行足、善逝、世間解、無上士、調御丈夫、天人師、佛、世尊。這位如來在往昔修菩薩行時，發過這樣的誓願：「十方界所有眾生，如果在臨命終時聽到我的名號，命終之後，能夠生到三十三天。」』說完這些法後，又為他們宣說以下十二緣起相應陀羅尼：

夫、天人師、佛、世尊。此佛往昔修菩薩行時，作是誓願：「於十方界所有眾生，臨命終時聞我名者，命終之後，得生三十三天。」』說是法已，復為宣說十二緣起相應陀羅尼曰：

『怛姪他　毘折儞　毘折儞　毘折儞　僧塞枳儞　僧塞枳儞　僧塞枳儞　毘爾儞　毘爾儞　毘爾儞莎訶　怛姪他　那弭儞那弭儞　那弭儞　殺雉儞　殺雉儞　殺雉儞颯鉢哩設儞　颯鉢哩設儞　颯鉢哩設儞

『怛姪他　毘折儞　毘折儞　毘折儞　僧塞枳儞　僧塞枳儞　僧塞枳儞　毘爾儞　毘爾儞　毘爾儞莎訶　怛姪他　那弭儞那弭儞　那弭儞　殺雉儞　殺雉儞　殺雉儞颯鉢哩設儞　颯鉢哩設儞　颯鉢哩設儞莎訶　怛姪他　薛達儞　薛達儞　薛達儞　窒里瑟儞儞　窒里瑟儞儞　窒里瑟儞儞鄔波地儞　鄔波地儞　鄔波地儞　莎訶　怛姪他　婆毘儞婆毘儞

莎訶　怛姪他　薜達儞　薜達儞　薜達儞　窒里瑟儞儞　窒里瑟儞儞　窒里瑟儞儞鄔波地儞　鄔波地儞　鄔波地儞　莎訶　怛姪他　婆毘儞婆毘儞　婆毘儞　闍底儞　闍底儞　闍底儞　闍摩儞儞　闍摩儞儞　闍摩儞儞　闍摩儞儞莎訶』」

爾時，佛告菩提樹神：「善女天！汝今當知昔時長者子流水者，即我身是；持水長者即妙幢是；彼之二子，長子水滿即銀幢是，次子水藏即銀光

婆毘儞　闍底儞　闍底儞　闍底儞　闍摩儞儞　闍摩儞儞　闍摩儞儞莎訶』」

這時，佛對菩提樹神說：「善女天！你現在應當知過去的長者的兒子流水，正是世尊自己，他的父親持水就是那位妙幢菩薩，他的二個兒子，長子水滿就是銀幢菩薩，次子水藏就是銀光菩薩；那位天自在光王者，就是你菩提樹神；一萬條魚者就是

是；彼天自在光王者，即汝菩提樹神是；十千魚者即十千天子是。因我往昔以水濟魚，與食令飽，為說甚深十二緣起，并此相應陀羅尼呪，又為稱彼寶髻佛名，因此善根得生天上，今來我所，歡喜聽法。我皆當為授於阿耨多羅三藐三菩提記，說其名號。」

十千天子。由於我過去以水救濟魚，讓他們吃飽，為他們說甚深十二緣起，這相應陀羅尼咒，又為他們稱寶髻佛名，因此善根得生天上，現在來我這裡歡喜聽法。我為他們授於無上正等正覺記，說其名號。」

第10卷

捨身品第二十六

佛陀的轉世薩埵王子為何要捨身餵老虎呢？

【要義】

本品敘說佛往昔行菩薩道時，佛陀的本生摩訶薩埵王子捨身飼虎的故事，顯示出大乘菩薩為求一切種智、大悲心為眾生，而捨身命救眾生的願行。經中所講的禮塔因緣，也促進了大乘中的舍利崇拜。如今這座大悲留下的骨骸所立之舍利塔，稱為捨身塔，依然受到大眾的禮拜。

「阿難陀！過去世時有一國王，名曰大車，巨富多財，庫藏盈滿，軍兵武勇，眾所欽伏，常以正法施化黔黎，人民熾盛，無有怨敵。國大夫人誕生三子，顏容端正，人所樂觀，太子名曰摩訶波羅，次子名曰摩訶提婆，幼子名曰摩訶薩埵。是時大王為欲遊觀縱賞山林，其三王子亦皆隨從，為求花果，捨父周旋至大竹林，於中憩息。第一王子作如是言：『我於今日，心甚驚惶，於此林中將無

「阿難陀！過去世時有一國王，名叫大車，有巨大的財富，庫藏盈滿，軍兵武勇，受到眾人所欽佩，常以善政施化百姓，人民興盛，沒有怨敵。國王有生三個王子，容貌端正，人人看了都喜歡，第一王子名叫摩訶波羅，二王子叫為摩訶提婆，小王子名叫摩訶薩埵。這天國王遊觀縱賞山林，其三個王子也都皆隨從，為求花果，捨父後來來到一個大竹林，在裡面憩息。第一王子說：『我現在心裡驚惶得很，在這個山林中不會有猛獸來傷害我吧？』第二王子又這麼說：『我對我的身體是不恪惜，但是我害怕所愛的有別離苦。』

猛獸損害於我？』第二王子復作是言：『我於自身初無悋惜，恐於所愛有別離苦。』

時諸王子各說本心所念之事，次復前行，見有一虎產生七子，纔經七日，諸子圍遶，飢渴所逼，身形羸瘦，將死不久。第一王子作如是言：『哀哉！此虎產來七日，七子圍遶，無暇求食，飢渴所逼，必還噉子。』薩埵王子問言：『此虎每常所食何物？』第一王子答曰：

三位王子各說了自己心裡的想法之後，又繼續向前走，看見一隻母虎剛生產了七個虎子，已經過了七天，虎子都圍繞在母虎身邊，又餓又渴，母虎卻餓得瘦弱憔悴，快要死了。第一王子說：『唉！這隻老虎生產後已過七天，七個虎子圍繞卻沒有奶吃，母虎若是餓極了，肯定要吃幼小的孩子了。』薩埵王子問：『這隻老虎通常都吃什麼食物呢？』第一王子回答說：

『虎豹豺師子，唯噉熱血肉；更無餘飲食，可濟此虛羸。』

第二王子聞此語已，作如是言：『此虎羸瘦，飢渴所逼，餘命無幾，我等何能為求如是難得飲食？誰復為斯自捨身命，濟其飢苦？』第一王子言：『一切難捨無過己身。』薩埵王子言：『我等今者於自己身各生愛戀，復無智慧，不能於他而興利益，然有上士懷大悲心，常為利他亡身濟物。』復作是

『虎、豹、豺、獅子，只吃新鮮的熱血和肉；不過現在已經沒有任何食物，快要被餓死的母虎吃了。』

第二王子聽了，就這樣說：『這隻老虎餓得身體瘦弱，沒有東西吃，就快要餓死，誰能找到食物呢？誰能為此不惜身命，解救母虎的飢餓之苦啊？』第一王子說：『一切難捨中，最難捨的是自己的身體。』薩埵王子言：『我們現在因為對自己貪惜愛戀，因為沒有智慧，不能為了利益他人，像能一些大士懷有大悲心，經常為了利益眾生捨身。』又有這樣的想法：『我現在這個身體於百千生，瑕疵不堪，對我並沒有什麼利益，為何今日不能捨身以濟度飢餓之苦，就像捐出鼻涕？』這時各個王子這

念：『我今此身於百千生，虛棄爛壞，曾無所益，云何今日而不能捨以濟飢苦，如捐洟唾？』時諸王子作是議已，各起慈心，悽傷愍念，共觀羸虎，目不暫移，徘徊久之，俱捨而去。

爾時薩埵王子便作是念：『我捨身命，今正是時。何以故？我從久來持此身，臭穢膿流不可愛；供給敷具并衣食，象馬車乘及珍財。變壞之法體無常，恒求難滿難保守；雖常供養懷怨害，終歸棄我不知恩。』

樣想，各生起慈悲及淒傷哀憐的心情，一起看著羸弱的老虎，目光未曾離開，徘徊了很久的時間才離去。

這時候，薩埵王子便生起這樣的念頭：『我佈施出這身體生命，現在正是時候。怎麼說呢？我擁有這身體已經很久了，但他常常發臭汙穢、流膿，並不是很可愛；還需要常常提供坐臥用具、衣服飲食、象馬車等交通工具，以及珍寶財物來照顧他。因為身體會隨無常變化而敗壞，即使用心想要維持常態，保存守護也是很難；雖然常常供養他，卻反是時王子作是言已，於餓虎前委身而臥。由此菩薩慈悲威勢，虎無能為。菩薩見已，即上高山，投身于地，時諸神仙捧接王子，曾無傷損。復作是念：『虎今羸瘦，不能食我。』即起求刀，竟不能得，即以乾竹刺頸出血，漸近虎邊。是時大地六種震動，如風激水，涌沒不安，日無精明，如羅睺障，諸方闇蔽，無復光輝，天

遭他衰老病痛的怨害，時候到了，終將棄我而去，不知感恩。』

這時王子作了這樣的誓言後，就到了飢餓的母虎前放身躺在那裡。由於王子的大慈悲心威德力，母虎伏在那裡未動。王子又想：『這隻老虎現在體弱無力，不能吃我的身體血肉。』隨即起身尋找一把刀子，到處找也沒找到，於是王子就以乾竹尖刺破了頸部，鮮血湧出，從高山上投身而下，摔在母虎前面。這時大地六種震動，太陽黯淡無光，就像被羅睺羅阿修羅王捉去障蔽起來了一樣，各種顏色的鮮花妙香如雨一般紛紛從天而降。這時虛空中天界諸眾生看到這一幕後，心生歡喜，感嘆這是前所未見之事，皆讚歎說：『偉大的大士！』

雨名華及妙香末，繽紛亂墜遍滿林中。爾時虛空有諸天眾，見是事已，生隨喜心，歎未曾有，咸共讚言：『善哉大士！』

是時餓虎既見菩薩頸下血流，即便舐血噉肉皆盡，唯留餘骨。爾時第一王子見地動已，告其弟曰：「『大地山河皆震動，諸方闇蔽日無光；天花亂墜遍空中，定是我弟捨身相。』

第二王子聞兄語已，說伽他曰：『我聞薩埵慈悲語，見彼餓虎身羸瘦；飢苦所纏恐食

這時餓虎那時見鮮血流出，滿身都是，就開始舐血吃肉，全部吃盡了，只留下一堆骸骨。那時第一王子見大地震動，對第二王子說：『大地山河皆震動，各方遮蔽太陽黯淡無光；天花香末繽紛墜下遍布於空中，這必定是我弟弟的捨身相。』

第二王子也說道：『這隻母虎生產後已經過七日，七之幼虎子圍繞著已沒有食物吃，氣力羸弱離命終不遠，小弟發起大悲心想救度，擔心老虎忍受

子，我今疑弟捨其身。』

爾時，大王及於夫人并二王子，盡哀號哭，瓔珞不御，與諸人眾共收菩薩遺身舍利，為於供養，置窣堵波中。阿難陀！汝等應知！此即是彼菩薩舍利。」復告阿難陀：「我於昔時，雖具煩惱貪瞋癡等，能於地獄、餓鬼、傍生五趣之中，隨緣救濟，令得出離。何況今時煩惱都盡，無復餘習，號天人師，具一切智，而不能為

不了飢餓而吃了虎子，我猜想這一定是弟弟犧牲自己的生命。』

「那時，國王與王后以及二王子，全都哀號痛哭，命令使臣收拾了太子殘骸，讓臣民禮拜供養，修建了一座高大的舍利塔。阿難陀！你們應當知道！這就是菩薩舍利。」又對阿難陀說：「我在過去時，雖具煩惱貪瞋癡等，能於地獄、餓鬼、畜生五趣之中，隨緣救濟，令他們得出離。何況現在煩惱都已斷盡，不再有殘餘之習氣，號天人師，具一切智，而不能為一一眾生，經於多劫在地獄中及其他的地方，代受眾生之苦，令他們出生死煩惱輪迴！」

一一眾生，經於多劫在地獄中及於餘處，代受眾苦，令出生死煩惱輪迴！」

第10卷

十方菩薩讚歎品第二十七

為何如來功德大海甚深廣大，不是譬喻所能知道的；略讚佛之功德，也只能是遠遠不及的言辭呢？

【要義】

本品主要是讚佛。十方世界無量百千萬億諸菩薩眾，從各自所居國土而來，全部前往鷲峰山至世尊所。說明佛陀講經時十方世界都能聽到，佛的法義傳遍了十方世界，是佛不可思議的語功德。十方世界諸大菩薩同來異口同音讚歎，就是十方所有的菩薩，他們心想的都一樣。所以說十方菩薩，都和佛無二無別。首先讚歎佛的微妙身，接著佛說甘露殊勝法，能與甘露微妙義，甘露形容的是清涼、柔軟、潔淨、微妙，無形無色，但能令眾生服得解脫，亦用來形容佛法如甘露般清涼潔淨柔軟和加持。讚歎完畢，諸大菩薩又說佛陀的功德是無量無邊的，用盡一切言辭也沒有辦法讚歎得了，今天只能是遠遠不及的言辭略表。

爾時，釋迦牟尼如來說是經時，於十方世界有無量百千萬億諸菩薩眾，各從本土詣鷲峯山，至世尊所，五輪著地，禮世尊已，一心合掌，異口同音而讚歎曰：

「佛身微妙真金色，其光普照等金山；
清淨柔軟若蓮華，無量妙彩而嚴飾。
三十二相遍莊嚴，八十種好皆圓備；
光明昞著無與等，離垢猶

那時，釋迦牟尼佛說這部經時，在十方世界有無量百千萬億諸菩薩眾，各自從原本的世界前往鷲峯山，到世尊所在之處，五體投地，為佛作禮，誠摯合掌，異口同音而讚歎說：

「佛身微妙真金色，光明普遍照耀就像金山；
清淨柔軟如蓮花，無量妙彩而嚴飾。
三十二相遍莊嚴，八十種好皆圓備；
如此光明顯耀是無物能及的，遠離染垢有如潔如淨滿月。

其聲清徹甚微妙，如師子吼震雷音；

八種微妙應群機，超勝迦陵頻伽等。

百福妙相以嚴容，光明具足淨無垢；

智慧澄明如大海，功德廣大若虛空。

圓光遍滿十方界，隨緣普濟諸有情；

煩惱愛染習皆除，法炬恒然不休息。

淨滿月。

聲音清徹甚微妙，就像師子吼震雷音；

八種微妙說法應眾生萬物時機，聲音特別美好似迦陵頻伽（意譯為美音鳥，是極樂淨土之鳥）。

百福妙相用來莊嚴容貌，光明具足清淨無垢；

智慧澄明就像大海，功德廣大有如虛空。

圓滿之光遍滿十方界，隨緣普濟一切有情眾生；

煩惱愛染習氣皆斷除，佛法如火炬能照明黑暗的世間恒然不休息。

哀愍利益諸眾生，現在未來能與樂；

常為宣說第一義，令證涅槃真寂靜。

佛說甘露殊勝法，能與甘露微妙義；引入甘露涅槃城，令受甘露無為樂。

常於生死大海中，解脫一切眾生苦；

令彼能住安隱路，恒與難思如意樂。

哀憫利益一切眾生，現在及未來能給予福樂；

常為眾生宣說第一義諦，使他們證得涅槃真實寂靜之法。

佛宣說無上甘露（清涼、柔軟、潔淨、微妙，無形無色，能令眾生服得解脫，用來形容佛法如甘露般清涼潔淨柔軟和加持）殊勝法，能開顯甘露微妙義；引入甘露涅槃之城，使他們領受甘露無為樂。

常於生死大海中，解脫一切眾生苦；

令他們能安住於安穩的道路，持久給予不可度量之如意樂。

如來德海甚深廣，非諸譬喻所能知；
於眾常起大悲心，方便精勤恒不息。
如來智海無邊際，一切人天共測量；
假使千萬億劫中，不能得知其少分。
我今略讚佛功德，於德海中唯一渧；
迴斯福聚施群生，皆願速證菩提果。」
爾時，世尊告諸菩薩言：

如來功德大海甚深廣大，不是譬喻所能知道的；
對眾生常生起大悲心，方便精勤恆常不歇息。
如來智慧海無邊際，一切人天共測量；
就算是在千萬億劫中，也不能得知千萬億分之一。
我現在略讚佛之功德，只能是遠遠不及的言辭略表；
我將這讚嘆的一切功德福報迴向給一切眾生，願他們都能速證菩提正果。」
那時，世尊對菩薩說：「很好！很好！你們能

「善哉！善哉！汝等善能如是讚佛功德，利益有情，廣興佛事，能滅諸罪，生無量福。」

這樣讚嘆佛的功德，因此而利益有情眾生且廣興佛事，也能滅除種種罪業從而聚集無量的福報。」

第10卷

妙幢菩薩讚歎品第二十八

佛陀行百善得一圓滿妙相，
身體每個部位都是圓滿的，
這種身相的圓滿，
是由佛陀成就的無量功德所顯現的嗎？

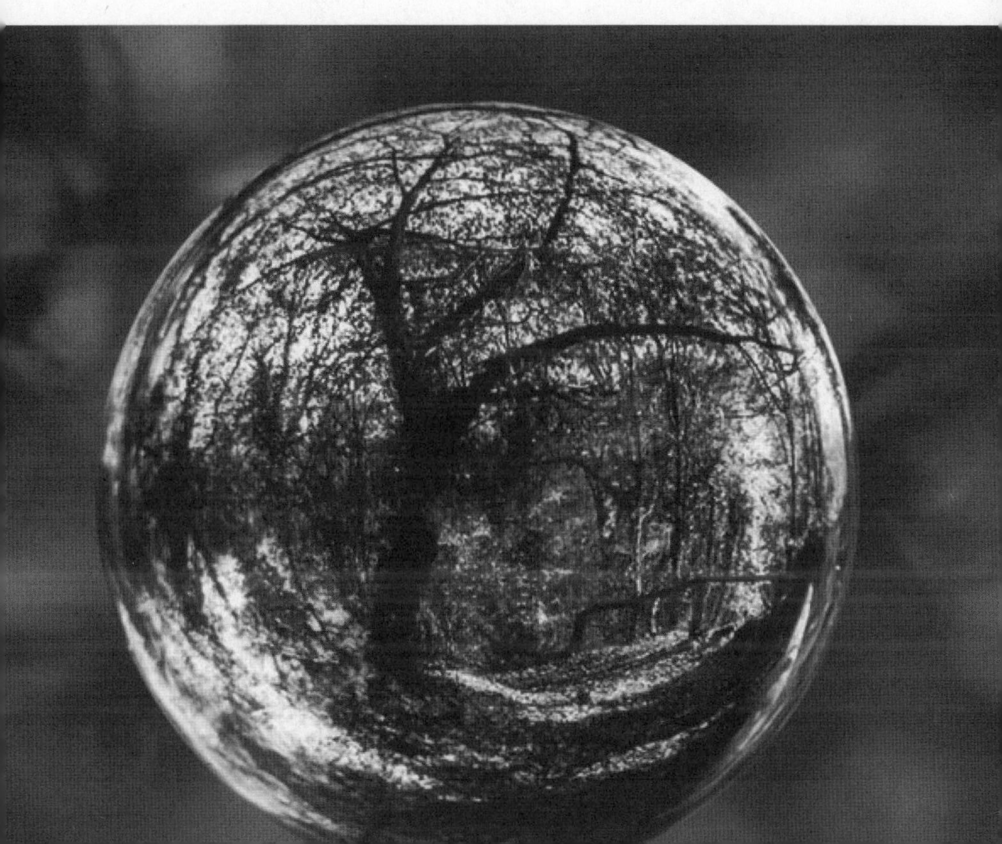

【要義】

這一段內容為妙幢菩薩得佛授記了，非常歡喜而來讚佛。世尊也開示妙幢菩薩說，讚佛功德不可思議，利益一切，這樣的讚嘆修法是可以利益一切眾生的，應該讓末學眾生都來隨順修學。

爾時，妙幢菩薩即從座起，偏袒右肩，右膝著地，合掌向佛，而說讚曰：

「牟尼百福相圓滿，無量功德以嚴身。廣大清淨人樂觀，猶如千日光明照；焰彩無邊光熾盛，如妙寶聚相端嚴。如日初出映虛空，紅白分明間金色；亦如金山光普照，悉能周遍百千土。能滅眾生無量苦，皆與無邊勝妙樂；諸相具足悉嚴淨，眾生樂觀無厭足。頭髮柔軟紺青色，猶如黑蜂集妙華；大喜大捨淨莊嚴，大慈大

那時，妙幢菩薩從座位上站起來，偏袒右肩，右膝著地，合掌禮拜佛，而讚歎說：

「佛陀具有三十二相八十種好，行百善得一圓滿妙相，身體每個部位都是圓滿的，這種身相的圓滿，是由佛陀成就的無量功德所顯現。這樣的身相廣大清淨人人看了都喜樂，就如同有上千個太陽的光明照耀一樣；光明熾盛而無邊無際，就像有無數的珍寶聚集使得容貌形相端正莊嚴。有如太陽初生起映照虛空，紅色與白色顏色分明且相間著金色；又有如金山的光明朗耀，能遠照百千個土地。能滅除一切眾生無量苦，並且給予無以計量的殊勝妙樂；種種相貌圓滿具足莊嚴清淨，眾生樂於看見，時時刻刻都不討厭，不感到滿足。頭髮柔軟呈現深

悲皆具足。眾妙相好為嚴飾，菩提分法之所成；如來能施眾福利，令彼常獲大安樂。種種妙德共莊嚴，光明普照千萬土；如來光相極圓滿，猶如赫日遍空中。佛如須彌功德具，示現能周於十方；如來金口妙端嚴，齒白齊密如珂雪。如來面貌無倫匹，眉間毫相常右旋；光潤鮮白等頗梨，猶如滿月居空界。」

佛告妙幢菩薩：「汝能如是讚佛，功德不可思議，利益一切，令未知者隨順修學。」

藍色，猶如黑蜂聚集蓮花；大喜大捨潔淨莊嚴，大慈大悲皆具足。顏貌裝飾美盛，有助於菩提證悟的修行法之所成；如來能施予眾生福利，令他們常獲大安樂。用種種的妙德來莊嚴，光明普照千萬處土地；如來的光明之相極為圓滿，猶如火紅的太陽遍滿空中。佛功德具足有如須彌山一樣大，示現能周遍在十方世界；如來的金口勝妙端嚴，齒白齊密如雪一樣白。如來的面貌無與倫比，世尊眉間有白色之毫相，右旋宛轉；光潤鮮白就像寶石一樣，猶如圓滿的月亮居於空界。」

佛告妙幢菩薩：「你們能這樣讚嘆佛的功德，功德是不可思議的，利益一切眾生，讓末學眾生都來隨順修學。」

第10卷

菩提樹神讚歎品第二十九

【功德利益】
如果聽聞此法，皆入甘露無生法門

【要義】

本品內容為世尊講經之後，菩提樹神起身讚佛，世尊讚菩提樹神自利利他宣揚妙相，並說以此功德速證最上菩提，得聞者皆入甘露無生法門。在佛教的世界，認為山河大地均有鬼神眾生居住，在樹則有樹神，在佛典故事中，有菩提樹神歡喜供養佛陀的故事。

菩提樹神是守護菩提樹的女天神，另一方面來看，菩提樹守護佛陀的形象擬人化後，即為菩提樹神。由於菩提樹是佛教聖樹，因釋迦牟尼佛於此樹下思維、成道，菩提樹也因此稱為思維樹、覺樹，相傳，釋迦牟尼佛在菩提樹下打坐修道時，菩提樹神便以樹葉為釋迦佛擋風遮雨，保護他安心修道，被認為是佛教最早的護法神。她在佛寺裏，形象特點是兩手拿一樹枝，打扮成年輕婦女的樣子。佛教徒視菩提樹為聖樹，受到佛弟子愛護與敬仰，看見菩提樹如同看見佛陀一般。東南亞佛教國家信徒常焚香散花，繞樹禮拜，沿習成俗。

爾時，菩提樹神亦以伽他讚世尊曰：

「敬禮如來清淨慧！敬禮常求正法慧！敬禮能離非法慧！敬禮恒無分別慧！

希有世尊無邊行，希有難見比優曇；希有如海鎮山王，希有善逝光無量。希有調御弘慈願，希有釋種明逾日；能說如是經中寶，哀愍利

那時，菩提樹神又以偈頌讚歎世尊說：

「敬禮如來清淨的智慧！敬禮恆常求得正法的智慧！敬禮能遠離非法非智慧！敬禮不變的無分別智慧！

稀奇少見的世尊無邊的願行，稀奇難見好比優曇花（傳說三千年才盛開的奇花）；稀奇少見有如海鎮山王，稀奇少見善逝（佛十號之一）光無量。稀奇少見調御（佛十號之一）弘慈願，稀奇少見釋迦種族光明超越太陽；能說這部經中之寶，哀傷憐憫及利益所有的眾

益諸群生。

牟尼寂靜諸根定，能入寂靜涅槃城；

能住寂靜等持門，能知寂靜深境界。

兩足中尊住空寂，聲聞弟子身亦空；

一切法體性皆無，一切眾生悉空寂。

我常憶念於諸佛，我常樂見諸世尊；

我常發起慇重心，常得值遇如來日。」

生。

牟尼寂靜諸根定，能入寂靜涅槃城；

能住寂靜等持門，能知寂靜深境界。

兩足中尊（佛的稱號之一）住空寂，聲聞弟子身亦空；

一切法體性皆無，一切眾生皆空寂。

我常憶念於諸佛，我常樂見諸世尊；

我常發起懇切深厚之心，常能得值遇如來的那天。」

爾時世尊聞是讚已，以梵音聲告樹神曰：「善哉！善哉！善女天！汝能於我真實無妄清淨法身，自利利他宣揚妙相，以此功德令汝速證最上菩提，一切有情同所修習，若得聞者，皆入甘露無生法門。」

那時世尊聽完這樣的讚歎，以梵音聲對樹神說：「很好！很好！樹神善女天！你能於我真實無妄清淨法身，自利利他宣揚妙相，以此功德令你速證最上菩提，一切有情眾生同所修習，如果聽聞此法，皆入甘露無生法門。」

第10卷

大辯才天女讚歎品第三十

【功德利益】

對每一尊佛菩薩或者是天龍八部護法等
都懷著至高的崇敬之心來對待
就不會帶來厄難，只會擁有吉祥

【要義】

大辯才天女，多智善辯，為智慧與雄辯女神，具有非常殊勝的功德，不僅可以護持眾生修行，還能滿願眾生。本品敘述大辯才天女，亦以言詞讚歎佛，向世尊宣說護法，令宣說本經者獲得總持妙慧辯才，廣為流布此經，使得聽聞者亦皆得智慧辯才及珍寶神通智慧，可以廣利一切速證菩提。

爾時，大辯才天女即從座起，合掌恭敬，以直言詞讚世尊曰：

「南無釋迦牟尼如來應正等覺！身真金色，咽如螺貝，面如滿月，目類青蓮，脣口赤好如頗梨色，鼻高修直如截金鋌，齒白齊密如拘物頭華，身光普照，如百千日，光彩映徹，如贍部金。其所言說無有錯謬，示三解脫門，開三菩提路，心常清淨，意樂亦然，佛所住處及所行境亦常清淨，離非威儀，進止無謬。六年苦行，三轉法

這時，大辯才天女從座位上站起來，合掌恭敬禮拜，以直言詞讚世尊曰：

「南無釋迦牟尼如來應正等覺！身真金色，咽喉如螺貝，面如滿月，眼睛有如青蓮，脣口赤好如頗梨色（佛教七寶之一。其質瑩淨透明，有紫、白、紅、碧等多種顏色），鼻高修直有如黃金，齒白齊密如拘物頭華（花名，即紅蓮花，呈深朱色，甚具香味，非人間所有），身光普照，如百千日，光彩映徹，如海底之藏金。其所言說無有錯謬，示三解脫門，開三菩提路，心常清淨，意樂也是如此，佛所住處及所行境亦常清淨，離非威儀，行動舉止無謬。六年苦行，三轉法輪，度苦眾生，令他們歸彼岸。身相圓滿就好像拘陀樹（孟加拉榕。因樹形高

輪，度苦眾生，令歸彼岸。身相圓滿如拘陀樹，六度熏修，三業無失，具一切智，自他利滿，所有宣說常為眾生，言不虛設，於釋種中為大師子，堅固勇猛，具八解脫。我今隨力稱讚如來少分功德，猶如蚊子飲大海水，願以此福廣及有情，永離生死，成無上道。」

爾時，世尊告大辯才天曰：「善哉！善哉！汝久修習，具大辯才，今復於我廣陳讚歎，令汝速證無上法門，相好圓明，普利一切。」

大但種子細小，佛經常用來比喻由小因而得大果報者），六度淨心修行，三業皆無過失，具一切智，自他利滿，所有宣說常為眾生，這些言論不是虛撰，於釋迦種族中為大師子，堅固勇猛，具八解脫。我現在隨力稱讚如來一小部份的功德，這就有如蚊子飲大海水，願以此福廣及有情，永離生死，成無上道。」

那時，世尊告訴大辯才天說：「很好！很好！你久修習，具大辯才，今又對於我廣大顯示讚歎，我將讓你速證無上法門，色身相好、淨智圓明，普利一切眾生。」

第10卷

付囑品第三十一

為何對於這部微妙經王虔誠流布，
一直到佛般涅槃之後，不至於斷絕散失，
所獲的功德就算是用恒沙劫的時間也說不完呢？

【要義】

本品敘說佛陀將本經付囑諸大菩薩，並有四大天王、天帝釋、諸天子天土等，並令擁護受持讀誦此經典。

爾時，世尊普告無量菩薩，及諸人天一切大眾：「汝等當知！我於無量無數大劫，勤修苦行，獲甚深法，菩提正因，已為汝說。汝等誰能發勇猛心，恭敬守護，我涅槃後，於此法門廣宣流布，能令正法久住世間？」

爾時，眾中有六十俱胝諸大菩薩，六十俱胝諸天大眾，異口同音作如是語：「世尊！我等咸有欣樂之心，於佛世尊無量大劫勤修苦行，所獲甚深

那時，世尊廣為告示無量菩薩，及諸人天一切大眾：「你們應當知道！我於無量無數大劫，勤修苦行，獲甚深法，菩提正因，已為你們說。你們誰能發勇猛心，恭敬守護，在我涅槃後，於此法門廣宣流布，能令正法久住世間呢？」

此時，會眾中有六十俱胝諸大菩薩，六十俱胝諸天大眾，異口同音這樣說：「世尊！我們全部都有欣樂之心，於佛世尊無量大劫勤修苦行，所獲甚深微妙之法菩提正因，恭敬護持，不惜身命。佛涅槃後，於此法門廣宣流布，將令正法久住世間。」

微妙之法菩提正因，恭敬護持，不惜身命。佛涅槃後，於此法門廣宣流布，當令正法久住世間。」

爾時，世尊見諸菩薩人天大眾各各發心，於此經典流通擁護，勸進菩薩廣利眾生，讚言：「善哉！善哉！汝等能於如是微妙經王虔誠流布，乃至於我般涅槃後，不令散滅，即是無上菩提正因，所獲功德於恒沙劫說不能盡。若有苾芻、苾芻尼、鄔波索迦、鄔波斯迦，

那時，世尊見諸菩薩人天大眾各各發心，對這部經典流通擁護，勸進菩薩廣利眾生，讚言：「很好啊！很好啊！你們能對於這部微妙經王虔誠流布，一直到我般涅槃之後，不至於斷絕散失，這就是無上菩提正因，所獲的功德就算是用數量多到像恒河裡的沙子那樣無法計算的時間也說不完。若有比丘、比丘尼、五戒居士、五戒女居士，及餘善男子、善女人等，供養恭敬，書寫流通，為人解說，所獲的功德也是如此，由於這個原因，你們都應當

及餘善男子、善女人等，供養恭敬，書寫流通，為人解說，所獲功德亦復如是，是故汝等應勤修習。」

爾時，無量無邊恒沙大眾，聞佛說已，皆大歡喜，信受奉行。

勤勵修習。」

此時，無量無邊恒沙大眾，聽佛開示後，皆大歡喜，信受奉行。

國家圖書館出版品預行編目（CIP）資料

金光明經精要：具足不可思議功德智慧 /
唐.義淨原譯；梁崇明編譯. -- 初版. -- 新北市：
大喜文化, 2020.01
面；　公分. -- (經典精要；108007)
ISBN 978-986-97879-9-4(平裝)

1.經集部

221.742　　　　108016859

經典精要 108007

金光明經精要：具足不可思議功德智慧

原　　譯：唐．義淨
編　　譯：梁崇明
編　　輯：謝文綺
發 行 人：梁崇明
出 版 者：大喜文化有限公司
封面設計：大千出版社
登 記 證：行政院新聞局局版台省業字第 244 號
P.O.BOX ：中和市郵政第 2-193 號信箱
發 行 處：23556 新北市中和區板南路 498 號 7 樓之 2
電　　話：02-2223-1391
傳　　真：02-2223-1077
E-Mail：darchentw@gmail.com
銀行匯款：銀行代號：050　帳號：002-120-348-27
　　　　　臺灣企銀　帳戶：大喜文化有限公司
劃撥帳號：5023-2915，帳戶：大喜文化有限公司
總經銷商：聯合發行股份有限公司
地　　址：231 新北市新店區寶橋路 235 巷 6 弄 6 號 2 樓
電　　話：02-2917-8022
傳　　真：02-2915-7212
出版日期：2020 年 1 月
流 通 費：$350
網　　址：www.facebook.com/joy131499
I S B N：978-986-97879-9-4